APRENDER por REFRAÇÃO

UM GUIA DE PEDAGOGIA INACIANA
DO SÉCULO XXI PARA DOCENTES

APRENDER por REFRAÇÃO

UM GUIA DE PEDAGOGIA INACIANA
DO SÉCULO XXI PARA DOCENTES

JOHNNY C. GO, SJ
RITA J. ATIENZA

TRADUÇÃO
Francisco Maria Sacadura Biscaia Gomes Machado

Edições Loyola

Título original:
Learning by Refraction: A Practitioner's Guide to 21st-Century Ignatian Pedagogy
© 2019 by Johnny C. Go, SJ, Rita J. Atienza, and Ateneo de Manila University
Ateneo de Manila University Press
Bellarmine Hall, Katipunan Avenue,
Loyola Heights, Quezon City
P.O. Box 154, 1099 Manila, Philippines
ISBN 978-971-550-885-8

Dados Internacionais de Catalogação na Publicação (CIP)
(Câmara Brasileira do Livro, SP, Brasil)

Atienza, Rita J.
    Aprender por refração : um guia de pedagogia inaciana do século XXI para docentes / Rita J. Atienza, Johnny C. Go ; tradução Francisco Maria Sacadura Biscaia Gomes Machado. -- São Paulo, SP: Edições Loyola, 2023.

    Título original: Learning by refraction: a practitioner's guide to 21st-century Ignatian pedagogy.
    Bibliografia.
    ISBN 978-65-5504-249-8

    1. Aprendizagem - Metodologia 2. Jesuítas - Educação 3. Pedagogia inaciana 4. Professores - Formação I. Go, Johnny C. II. Machado, Francisco Maria Sacadura Biscaia Gomes. III. Título.

23-145774   CDD-371.071

Índices para catálogo sistemático:
1. Educação cristã   371.071

Tábata Alves da Silva - Bibliotecária - CRB-8/9253-0

Preparação: Fernanda Guerriero Antunes
Projeto gráfico, ilustrações e capa: Jules Ozaeta
Diagramação: Designios Editoriais
Revisão: Ana Loureiro

Edições Loyola Jesuítas
Rua 1822 nº 341 – Ipiranga
04216-000 São Paulo, SP
T 55 11 3385 8500/8501, 2063 4275
editorial@loyola.com.br
vendas@loyola.com.br
www.loyola.com.br

Todos os direitos reservados. Nenhuma parte desta obra pode ser reproduzida ou transmitida por qualquer forma e/ou quaisquer meios (eletrônico ou mecânico, incluindo fotocópia e gravação) ou arquivada em qualquer sistema ou banco de dados sem permissão escrita da Editora.

ISBN 978-65-5504-249-8

© EDIÇÕES LOYOLA, São Paulo, Brasil, 2023

Em 1993, o documento *Paradigma Pedagógico Inaciano* (PPI) foi publicado para assistir educadores nos seus esforços de empregar os princípios dos *Exercícios Espirituais* de Santo Inácio de Loyola ao contexto educativo. *Aprender por Refração* é uma tentativa de juntar as experiências vividas e as reflexões daqueles que praticam o PPI e torná-las aplicáveis ao nosso tempo. Não é um livro apenas para ser lido, mas também para ser usado como um mapa prático que praticantes do PPI podem colocar em prática e adaptar. Se este guia for assimilado e utilizado com criatividade, pode proporcionar enormes possibilidades de aprendizagem profunda.

Pe. Antonio Moreno, SJ
Presidente da Assistência Jesuítica da Ásia-Pacífico

Autores

Johnny C. Go, SJ, é diretor do Science and Art of Learning and Teaching Institute (SALT Institute) [Instituto da Ciência e Arte da Aprendizagem e Ensino] da Universidade do Ateneo de Manila, Filipinas, e secretário de Educação das escolas jesuíticas de ensino secundário e primário na região da Ásia-Pacífico. Depois de ter servido como presidente da Xavier School de 2001 a 2013, doutorou-se em Educação em 2016 no Instituto de Educação da Universidade de Londres, e no Instituto Nacional de Educação de Singapura da Universidade Tecnológica de Nanyang. Também ensina Pedagogia e Filosofia no Ateneo de Manila e na Universidade das Filipinas.

Rita J. Atienza é a coordenadora da Formação de Professores e Desenvolvimento Profissional do SALT Institute no Ateneo de Manila. Antes disso, foi diretora de assuntos acadêmicos no Assumption College, San Lorenzo, nas Filipinas. Rita formou-se com Grant Wiggins no projeto de planejamento curricular *Understanding by Design* (UbD), e fez parte da equipe de redatores de currículos de Wiggins em vários projetos nos Estados Unidos. É uma consultora de educação e coordenadora de ações de formação muito solicitada nas Filipinas. Detém mestrado em Educação pela Universidade do Ateneo de Manila, e é professora de Pedagogia Inaciana nessa mesma universidade.

Com muito afeto, dedicamos este livro

às nossas FAMÍLIAS e AMIGOS,

bem como aos seguintes educadores

que nos ensinaram e inspiraram:

JENNY HUANG GO,

LORRAINE OZAR,

GRANT WIGGINS e

PE. JAMES O'DONNELL, SJ

SUMÁRIO

PRÓLOGO xii

APRESENTAÇÃO xiv

INTRODUÇÃO 1

PARTE 1: DEFINIR APRENDIZAGEM
.... 3

CAPÍTULO 1: OS 6 ES DA APRENDIZAGEM REFRATIVA 7
Relação aluno-professor: Empatia e Empoderamento 8
Relação professor-mundo: *Expertise* e Entusiasmo 9
Relação aluno-mundo: Envolvimento e Excelência 10

CAPÍTULO 2: DO ENSINAR AO APRENDER 13
Uma nova geração de alunos 14
Centrada no aluno, guiada por reflexão, orientada à ação 17
Experiência, reflexão e ação 19
    O aluno enquanto indagador, construtor de sentido e criador
    Funções tradicionais do professor e do aluno
    Transformação do professor

CAPÍTULO 3: APRENDENDO ATRAVÉS DE REFLEXÃO E AÇÃO 33
Aprender através da reflexão 35
Aprender através da ação 43
    Do "aplicar depois" ao "aplicar agora"
    De aplicação da aprendizagem "fora de contexto" a aplicação "em contexto"
    De desempenhos simples a desempenhos complexos
Ensinar para a reflexão e ação 52

PARTE 2: PLANEJAR A APRENDIZAGEM
.... 55

CAPÍTULO 4: CRIAR EMPATIA ATRAVÉS DO CONTEXTO 59
Contexto do aluno 60
    Conhecimentos prévios
    Estado de ânimo atual
    Interesses dos alunos e perfis de aprendizagem
Contexto do professor 71

CAPÍTULO 5: FORTALECER O ENVOLVIMENTO ATRAVÉS DA REFLEXÃO 75
    Envolvimento do aluno 77
    A reflexão como exercício de envolvimento 81
    Planejar reflexão e compreensão 81
        Formular *insights*
        Formular perguntas para reflexão
        Facilitar a reflexão
    Três grandes ideias sobre reflexão 95

CAPÍTULO 6: PROMOVER EXCELÊNCIA ATRAVÉS DA AÇÃO 97
    Excelência no século XXI 97
    Por que ação? 98
        Incorporar ação na unidade temática
        Definição das evidências de aprendizagem
    Avaliar para a compreensão e aplicação 105
        Planejar avaliações autênticas
        Os quatro ingredientes das avaliações autênticas
    Para criar aplicações mais eficazes 113

CAPÍTULO 7: DESENVOLVER O EMPODERAMENTO ATRAVÉS DA EXPERIÊNCIA 117
    O que é uma experiência de aprendizagem empoderadora? 119
    Conceber experiências empoderadoras 120
        Ambientes empoderadores
        Empoderamento através dos cinco "-AR"
    A interação entre experiência, reflexão e ação 134

PARTE 3: APERFEIÇOAR A APRENDIZAGEM 137

CAPÍTULO 8: AUMENTANDO A *EXPERTISE* E O ENTUSIASMO POR MEIO DA AVALIAÇÃO 139
    Tornar-se um docente reflexivo 140
    Avaliar a aprendizagem e o ensino 140
        Lista de itens para avaliação
        Avaliação *para* a aprendizagem
        Autoavaliação do aluno e avaliações entre alunos

EPÍLOGO 150

REFERÊNCIAS 151

MATERIAIS ADICIONAIS 154

ÍNDICE DE TABELAS

Tabela 2.1:
Aprendizagem tradicional *vs.* aprendizagem refrativa   18

Tabela 2.2:
Três funções do aluno refrativo   26

Tabela 2.3:
Funções tradicionais do professor e do aluno   28

Tabela 2.4:
Funções desejáveis do professor e do aluno   31

Tabela 3.1:
Três tipos de reflexão e perguntas   39

Tabela 3.2:
Dois tipos de aplicação   47

Tabela 4.1:
Questões para planejamento da Aprendizagem Refrativa   56

Tabela 5.1:
Fluxo como competência superior e grande desafio   78

Tabela 5.2:
Três *insights* para uma unidade temática   86

Tabela: 5.3:
Exemplos de *insights* conceituais, metacognitivos e pessoais   87

Tabela 5.4:
Exemplos de perguntas para reflexão e possíveis *insights*   90

Tabela 5.5:
Exemplos de perguntas de reflexão   91

Tabela 6.1:
Exemplos de objetivos de ação de acordo com as disciplinas   101

Tabela 7.1:
Um exemplo de interação entre experiência – reflexão – ação   135

Tabela 8.1:
Exemplo de rubricas de um só ponto para colaboração em grupo   147

ÍNDICE DE DIAGRAMAS

Diagrama 1.1:
Os 6 Es da Aprendizagem Refrativa — 8

Diagrama 2.1:
Diferentes gerações enquanto público — 13

Diagrama 2.2:
Diferentes gerações de alunos — 14

Diagrama 2.3:
O que os alunos fazem em Aprendizagem Refrativa — 19

Diagrama 3.1:
Matéria de estudo fácil/difícil e desempenhos simples/complexos — 50

Diagrama 4.1:
Processo de planejamento da aprendizagem tradicional e da Refrativa — 57

Diagrama 5.1:
Envolvimento do aluno com o mundo a ser investigado — 75

Diagrama 5.2:
Zona de Desenvolvimento Próximo, de Vygotsky — 78

Diagrama 6.1:
Avaliação *vs.* medição — 105

Diagrama 6.2:
Avaliação em escala contínua — 108

Diagrama 6.3:
Os 4 Cs da avaliação autêntica — 109

Diagrama 7.1:
Empatia e empoderamento — 117

Diagrama 7.2:
Interação entre experiência, reflexão e ação — 134

Diagrama 8.1:
Elaboração e aperfeiçoamento da Aprendizagem Refrativa — 138

PRÓLOGO

Os primeiros jesuítas não se viam como professores de escola, mas como peregrinos a serviço da Igreja e da humanidade. No entanto, desde cedo, em resposta ao seu contexto, e em particular aos pedidos dos seus benfeitores, Inácio de Loyola e seus primeiros companheiros descobriram o incrível potencial apostólico das escolas. Tornaram-se professores de inúmeras gerações de jovens e abriram escolas por todo o mundo.

A motivação dos primeiros jesuítas era partilhar com outros a experiência espiritual que tinha transformado a vida deles, tornando-os melhores cristãos e melhores seres humanos. Quando descobriram que o ensino nas escolas era uma forma particularmente eficaz de partilhar essa experiência, tiveram que aprender sobre educação, pedagogia e gestão de escolas. Como notou o Pe. Gabriel Codina, SJ, antigo Secretário de Educação da Companhia, eles tiveram que aprender a ensinar. Pe. Codina oferece-nos uma metáfora inspiradora: os primeiros jesuítas foram, por assim dizer, ao "supermercado da educação" para lá encontrar os melhores ingredientes e receitas para uma abordagem educativa consistente com a sua experiência espiritual. Mais ainda, eles sabiam que uma educação verdadeiramente boa requer renovação contínua, inovação, reinterpretação e reinvenção; e que, se queriam realmente oferecer uma educação de qualidade, teriam que estar atentos às mudanças constantes dos contextos e abertos a novos desenvolvimentos. A *Ratio Studiorum* de 1599 é testemunho disso, uma vez que convida frequentemente à flexibilidade e adaptação ao contexto. Esta tradição de flexibilidade continuou em documentos como *Características da Educação Jesuítica* (1986) e *Pedagogia Inaciana: uma Proposta Prática* (1993).

Johnny Go, SJ, e Rita J. Atienza continuam essa tradição no presente livro: *Aprender por refração: um guia de pedagogia inaciana do século XXI para docentes*. Eles regressam ao supermercado da educação e encontram ingredientes e receitas para nos oferecer uma nova compreensão da pedagogia inaciana, que é, em si mesma, um testemunho àquilo que argumentam no livro: que aprendizagem genuína requer aprender fazendo, refratando as próprias experiências enquanto docentes de pedagogia inaciana, construindo a própria compreensão, apropriando a tradição para responder ao contexto atual de alunos, professores e pedagogia.

Aprender por refração pontua como usamos o estilo pedagógico inaciano para ajudar os alunos a se tornarem aprendizes que são transformados pela experiência significativa e envolvente que foi refletida e, como consequência, acompanhada pelo crescimento humano. Nesse sentido, os alunos crescem em suas relações com seu mundo e com seus semelhantes.

Aprender por refração é um instrumento e um recurso potente para qualquer pessoa interessada em pedagogia inaciana hoje. Apresenta desenvolvimentos contemporâneos de pedagogia que ajudam a libertar o potencial que a pedagogia inaciana tem para transformar a vida de alunos e professores. Estamos em dívida para com os autores por nos oferecerem uma prática contemporânea que promete continuar a tradição da educação jesuítica no nosso contexto atual.

José A. Mesa, SJ
Secretário internacional da Educação
Companhia de Jesus

APRENDER POR REFRAÇÃO: UM GUIA DE PEDAGOGIA INACIANA DO SÉCULO XXI PARA DOCENTES
- APRESENTAÇÃO -

No livro dos *Exercícios Espirituais*, Santo Inácio de Loyola (1491-1556) ensina-nos que "não é o muito saber que sacia e satisfaz a pessoa, mas o sentir e saborear as coisas internamente" (Nº 2). Ao sentir e saborear internamente, somos conduzidos a um movimento de interiorização, nomeando tudo aquilo que realmente nos preenche, plenifica de sentido e dá sabor à vida. Ao nos deixarmos conduzir pelo bom Deus como uma criança se deixa levar pelo professor, respondemos àquilo que é mais importante para cada um de nós.

Da espiritualidade à educação, Santo Inácio nos motiva à inquietação constante, à busca pelo mais significativo e à profundidade. Sair da exterioridade e adentrar na essência das coisas, respondendo aos porquês da existência, pautando sempre o humano em sua realização pessoal e comunitária como força motriz da ação educativa, foi a marca pedagógica da educação na Companhia primitiva, sempre atenta aos movimentos da cultura e do existir dos povos.

Nesse contexto, partindo do *Ratio Studiorum* (1599) e chegando ao documento *Colégios Jesuítas: uma tradição viva no século XXI* (2019), somos herdeiros e corresponsáveis por um movimento contínuo de leituras pedagógicas sobre os sinais dos tempos, sobre as formas do ensinar, aprender e conhecer. Sob o signo da experiência e tendo como meta a excelência, a pedagogia inaciana que foi sendo plasmada ao longo dos séculos comprometeu-nos à integralidade da formação de pessoas que, abertas à ação do espírito de Deus, tornam-se sujeitos para e com os demais. Nesse contínuo exercício de discernimento, a prática pedagógica inaciana formou e forma pessoas conscientes, competentes, compassivas e comprometidas, atentas ao novo tão próprio de uma educação que, diuturnamente, dá e recebe vida dos nossos ambientes escolares.

Ao mesmo tempo, e desde este marco fundacional, nossos colégios e escolas se tornam verdadeiros centros de pesquisa acadêmica, nos quais a cultura pedagógica de profundidade faz com que os profissionais envolvidos reflitam sobre suas práticas e as sistematizem, colocando-se na vanguarda em termos educativos. É nesse sentido que a educação da Companhia de Jesus, atenta ao que nos orienta a própria Igreja, assume ser o currículo como Evangelizador, na defesa do humanismo.

Herdeiros desse contexto e abertos à atualidade, Johnny Go, SJ, e Rita J. Atienza nos embalam na obra *Aprender por refração: um guia de pedagogia inaciana do século XXI para docentes*. Os autores, exímios conhecedores da proposta pedagógica da Companhia de Jesus, provocam-nos a responder à seguinte questão: na atualidade, quais sentidos e possíveis caminhos para o educar inaciano?

Com olhar amplo e atentos à diversidade de formas de se fazer educação, os autores tematizam as dimensões do método pedagógico inaciano em relação de abertura às novas formas de ensinar e aprender. Desde a trilogia experiência-reflexão-ação, e amparados pelo conceito físico da refração, os pesquisadores nos provocam, levando-nos a questionar as definições atuais de aprendizagem, sobre como essa mesma aprendizagem é possível e sobre aquilo que se pode e deve fazer para ir ainda mais além. Nesse percurso, a importância do elemento conceitual, do papel docente, da compreensão do atual alunado, da empatia, do empoderamento, da avaliação, da excelência resultante.

Johnny Go, SJ, e Rita Atienza nos conduzem ao compromisso para com uma educação inaciana atenta aos sinais do "sentir e saborear". Para eles, a formação integral proporcionada pelos Colégios da Companhia de Jesus necessita pautar os sujeitos do processo educativo em seus papéis de preponderância: alunos e professores como artífices primeiros de uma educação significativa, na qual todos aprendem a fazer, fazendo. A centralidade, contudo, está no aluno.

A obra se propõe a ser um guia docente para o trabalho com a pedagogia inaciana no século XXI, e cumpre a sua função a partir do momento em que tematiza elementos fundantes da educação e da pedagogia inaciana, articulando-os à constância de exercícios, paradas e momentos de reflexão, os quais ajudam a responder pelo sentido e caminhos possíveis para o educar atual.

Se a inovação é marca estruturante da proposta pedagógica da Companhia de Jesus, e se nossas escolas e colégios são hoje convocados a responderem de forma disruptiva, formando cidadãos globais para o século XXI, recomendo a leitura, a discussão, o aprofundamento e o uso pedagógico desta obra. Que a Rede Jesuíta de Educação aprenda, igualmente, por refração, e que nossos docentes, motivados pela reflexão, sintam-se convocados à ação transformadora que sacia e satisfaz, deixando suas marcas e continuando a tradição educativa da Companhia de Jesus em contexto brasileiro.

Prof. Dr. Fernando Guidini
Diretor da Rede Jesuíta de Educação

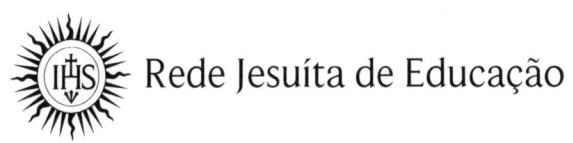

INTRODUÇÃO

Passaram-se mais de 25 anos desde a publicação de *Pedagogia Inaciana: uma Proposta Prática*. O documento de 1993 ofereceu aos colégios jesuítas uma abordagem ao ensino e à aprendizagem baseada nos princípios dos *Exercícios Espirituais* de Santo Inácio de Loyola. Foi uma resposta oportuna a numerosos pedidos de ajuda sobre como poderiam os educadores ensinar de forma distintamente inaciana e, nesse processo, incutir nos seus alunos a mundividência e os valores inacianos tratados num anterior documento-chave chamado *As Características da Educação da Companhia de Jesus* (1986). Desde então, educadores em colégios jesuítas por todo o mundo trabalharam arduamente para aplicar o *Paradigma Pedagógico Inaciano* (PPI) nas suas salas de aula.

No entanto, a pedagogia inaciana nunca se apresentou como um produto acabado. De fato, na parte final do documento, a Comissão Internacional para o Apostolado da Educação da Companhia de Jesus pediu explicitamente sugestões sobre o paradigma proposto. Os docentes foram chamados a partilhar ideias que só surgiriam da sua implementação e que nos ajudam a melhorar a nossa compreensão e aplicação da pedagogia inaciana. As ideias neste manual do docente foram selecionadas dentre as experiências desses professores. São o fruto de numerosos *workshops* e conversas entre docentes comprometidos com o PPI e com o aperfeiçoamento da sua prática.

"Aprender por Refração" foi o nome que escolhemos dar a essa interpretação específica da pedagogia, pois tal abordagem sublinha os dois elementos que definem a pedagogia inaciana: reflexão e ação.

Na medida em que se baseia na investigação mais atual, essa pedagogia também foi formada pela arte de aprender e ensinar que os nossos colegas desenvolveram e aperfeiçoaram nas suas salas de aula. Dito de outra forma, Aprender por Refração – ou Aprendizagem Refrativa – é uma abordagem sólida à aprendizagem e ao ensino do século XXI que pode contribuir eficazmente para a promoção da mundividência e dos valores inacianos que procuramos partilhar com os nossos alunos.

Este livro é um guia para docentes, concebido não apenas para ser lido, mas para ser usado como um autêntico curso de tipo "faça você mesmo" sobre aprendizagem e ensino inacianos. Foi organizado com blocos de conteúdo curtos de forma a ser um recurso intuitivo e de fácil acesso para os professores.

Sabemos o quão atarefados estão os professores. De fato, são das pessoas mais sobrecarregadas de trabalho e menos valorizadas no mundo. Por esta razão, organizamos algumas das mais importantes ideias de docentes que usam pedagogia inaciana, e as apresentamos aqui de modo fácil de entender, lembrar e usar.

Uma das ideias principais deste livro é que a melhor maneira de aprender é fazendo. Por isso, preparamos uma série de atividades que permitem refletir sobre – e ser desafiado por – estes conceitos e teorias. Você pode usar este menu de exercícios individualmente ou em grupo com seus colegas:

CONECTE-SE AO CONTEXTO

CONVERSE COM COLEGAS

VERIFIQUE A SUA COMPREENSÃO

ASSUMA UM PEQUENO DESAFIO

Para garantir o aprendizado com este livro, os exercícios propostos aqui foram desenvolvidos para serem experiências de aprendizagem refrativa, isto é, são oportunidades para que o leitor reflita acerca das ideias e comece, então, a agir.

Esperamos que possa experimentar nas suas aulas algumas das ideias que você vai aprender aqui, ajustando-as ao seu contexto, testando-as e adquirindo mais experiência pedagógica no processo. Afinal, é você que, enquanto professor, define o tipo de ensino que vai oferecer aos seus alunos e o tipo de aprendizagem que eles vão receber nas suas aulas. E é você – com a sua competência, o seu estilo e, especialmente, sendo a pessoa que é – que poderá fazer a diferença na vida dos seus alunos.

Johnny Go, SJ, e Rita Atienza
Festa de Santo Inácio de Loyola, 2018

PARTE 1 DEFINIR APRENDIZAGEM

"Refração (substantivo fem.): (1) desvio ou mudança de direção de um raio de luz ou outra radiação que se produz ao passar obliquamente de um meio para outro de densidade diferente; (2) medição do nível de enfoque de um olho a outros olhos".

Aprender por Refração é uma aplicação ao século XXI da pedagogia inaciana, o paradigma de ensino e aprendizagem pensado principalmente, mas não exclusivamente, para os colégios jesuítas. Na verdade, os princípios fundamentais da aprendizagem refrativa, baseados em concepções contemporâneas da aprendizagem e do ensino, são adequados a qualquer educador que deseje criar condições mais favoráveis à aprendizagem dos alunos.

POR QUE CHAMÁ-LO
APRENDER
por REFRAÇÃO

Propomos que refração é o que os alunos fazem para aprender.

Tal como a água refrata um raio de luz, os alunos devem fazer o mesmo com a matéria que estão tentando aprender:
não podem simplesmente deixar os conteúdos passarem,
ou refleti-los de volta exatamente tal como os receberam. Aprendizagem autêntica requer que o aluno dê uma volta ao conteúdo, o transforme e o faça seu. Ao aprender, os alunos adequam os conteúdos aos seus contextos pessoais.

Ao mesmo tempo, tal como os oftalmologistas fazem uso do método de "tentativa e erro" para determinar a graduação correta para os seus pacientes, também os alunos devem envolver-se neste experimentar, explorar modos diferentes de entender uma ideia, e corrigir-se a si mesmos com base no *feedback* que recebem para poderem compreender mais profundamente um conceito ou tornarem-se proficientes em certas habilidades. Refração sugere um processo semelhante de "tentativa e erro" e implica autocorreções pessoais com base nas sugestões do professor, que são essenciais para a aprendizagem.

Finalmente, a palavra "refração" sugere a combinação dos dois ingredientes cruciais na pedagogia inaciana: reflexão e ação. Os alunos devem refletir some a matéria de estudo – debruçar-se sobre ela, analisá-la, lutar com ela, desmontá-la, e voltar a montá-la de novas formas – e pô-la em prática aplicando o que foi aprendido à vida real.

ATIVIDADE
CONVERSE com COLEGAS

▶▶ A forma como cada um deste animais trabalha pode servir de metáfora da aprendizagem. Consegue descobrir por quê? Qual deles você escolheria?

[ ] Formiga   [ ] Aranha   [ ] Abelha

— O que a metáfora que você escolheu diz sobre a sua concepção de aprendizagem? —

Resposta: a formiga recolhe comida (o conhecimento é obtido unicamente de fontes externas); a aranha tece sua teia (o conhecimento é totalmente construído pelo conhecedor); a abelha produz mel e poliniza (o conhecimento pode ser obtido de fontes externas, mas o conhecedor torna-o totalmente seu e o partilha) [Bacon, 1620, in: Vickers, 2008].

CAPÍTULO 1

OS 6 ES DA APRENDIZAGEM REFRATIVA

A aprendizagem baseia-se em relações.

"Claro!", pensamos nós. E pensamos imediatamente na relação mais óbvia, entre professor e alunos, que afirmamos ser a mais crucial na aprendizagem. Basta-nos recordar alguns dos melhores e piores professores que tivemos e veremos que os melhores eram provavelmente os que também tinham melhor relação com os seus alunos.

Mas em cada sala de aula há ainda um terceiro elemento para além do professor e do aluno: o mundo que estamos estudando ou investigando nessa disciplina ou área de estudo. Por "mundo", queremos dizer o fenômeno – natural ou social – a ser investigado, especialmente as ideias e conceitos relacionados a ele. Por exemplo, gravidade, átomos/moléculas, pobreza ou história. Ou seja, o conteúdo ou matéria de estudo.

Assim, dão-se na realidade três relações distintas que são cruciais para a aprendizagem:

- Entre o aluno e o professor
- Entre o professor e o mundo
- Entre o aluno e o mundo

A mais óbvia dessas três relações é entre o professor e o aluno. Mas existem outras duas relações que são igualmente cruciais em produzir conhecimento: a relação entre o professor e o mundo a ser estudado e, a mais importante, a relação entre o aluno e o mundo que ele estuda[1].

Um professor que queira facilitar a aprendizagem deve ter consciência dessas relações e, sempre que possível, geri-las de forma a que todas elas promovam aprendizagem.

> **Conexão Inaciana**
>
> "O [PPI] afirma consistentemente a importância e a inseparabilidade do inter-relacionamento entre professor, aluno e matéria de estudo dentro do contexto real em que vivem. Este é abrangente e completo na sua abordagem" (*Pedagogia Inaciana*, 1993, #71). Em seus *Exercícios Espirituais*, Inácio de Loyola aconselha os diretores de retiros a não assumirem o protagonismo: eles devem deixar que Deus trate diretamente com o exercitante (Anotação 15, in: Fleming, 1978). Para Inácio também há uma relação tripla em todo retiro espiritual: a relação entre o diretor de retiro e o exercitante, entre o diretor de retiro e Deus e, a mais importante, entre o exercitante e Deus.

---

[1] No seu artigo, "I-Thou-It", o especialista em educação David Hawkins (2002) também de refere a essas três relações na sala de aula onde, além da relação entre professor e aluno, temos a relação com o que ele chama conteúdo, ou matéria de estudo.

Uma maneira prática de fortalecer essas três relações é usar uma lista de referência a que chamamos "**Os 6 Es da Aprendizagem Refrativa**". Essa lista sugere dois elementos para que cada uma das três relações de aprendizagem seja otimizada. O professor tem a responsabilidade de promover todos os seis elementos: **Envolvimento**, **Excelência**, *Expertise*, **Entusiasmo**, **Empatia** e **Empoderamento**.

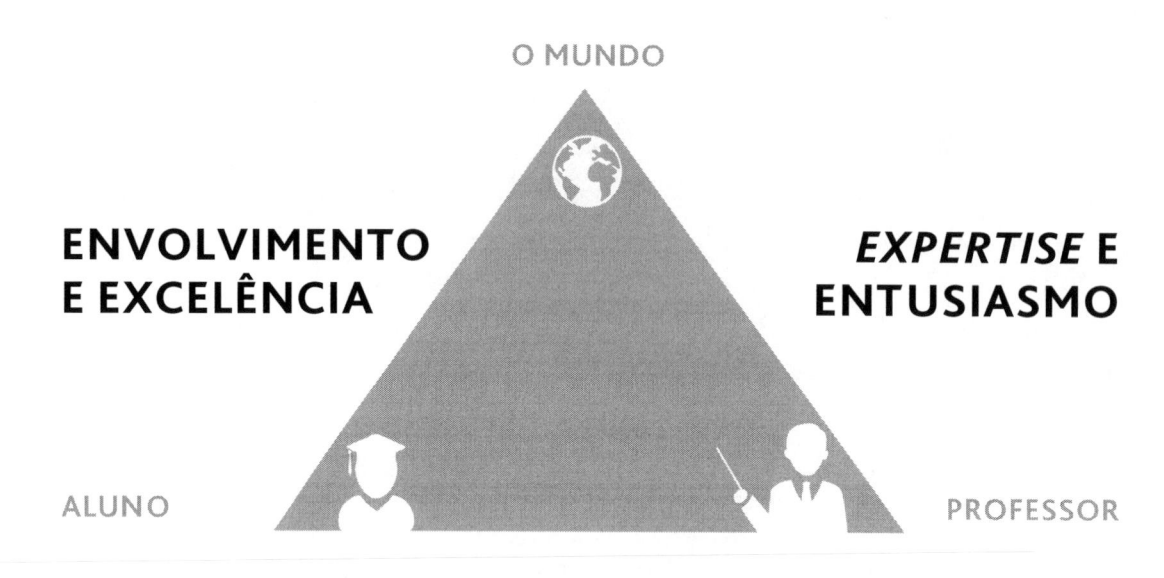

O MUNDO

ENVOLVIMENTO E EXCELÊNCIA

***EXPERTISE* E ENTUSIASMO**

ALUNO

PROFESSOR

EMPATIA E EMPODERAMENTO

Diagrama 1.1: Os 6 Es da Aprendizagem Refrativa

Relação aluno-professor: Empatia e Empoderamento

Idealmente, a relação entre professor e aluno é caracterizada por **Empatia** e **Empoderamento**.

Empatia refere-se à capacidade que o professor tem de entrar no mundo dos alunos e de imaginar o que seria estar no lugar deles. Só com Empatia é possível ser um professor eficaz, indo ao encontro dos alunos onde eles estão e oferecendo-lhes o acompanhamento que lhes é necessário para poderem aprender. Como é óbvio, a empatia do professor com os alunos brota de uma preocupação genuína para com eles, de uma apreciação dos seus contextos e de um desejo de os ajudar.

No entanto, demasiada empatia pode tornar-se um obstáculo à aprendizagem. Não é saudável que os alunos se tornem excessivamente dependentes dos professores. Por isso, tão importante como a Empatia é o **Empoderamento**: os professores capacitam os seus alunos através da criação de experiências de aprendizagem que os encorajem a dirigirem-se a si mesmos e a tornarem-se mais independentes.

Relação professor-mundo: *Expertise* e Entusiasmo

Não é suficiente que um professor manifeste preocupação com os alunos e os guie para que se tornem alunos independentes. A relação entre o professor e o mundo a ser estudado também é importante: para serem eficazes, os professores devem relacionar-se com esse mundo de maneira marcada por **Expertise** e **Entusiasmo**.

Como é óbvio, os professores devem ser bons conhecedores da matéria de estudo que ensinam. Para conduzir a aprendizagem nas aulas, devem manter-se informados acerca dos mais recentes avanços e das melhores práticas na sua disciplina. *Expertise* significa que eles não só sabem fatos e conceitos, mas são capazes de estabelecer relações entre eles. Ao contrário dos principiantes, os peritos podem ler padrões e interpretar fatos de forma mais sofisticada e em maior detalhe. Só um professor *expert* numa disciplina pode ajudar os alunos a processar informação tão facilmente acessível, mas também tão insuficientemente avaliada que se encontra na internet.

Para além da *Expertise*, os melhores professores também demonstram **Entusiasmo** pela sua matéria de estudo. Todos tivemos professores cuja paixão pelas disciplinas que ensinavam era evidente e contagiosa. Os melhores professores são capazes de "infectar" os seus alunos com tamanha curiosidade e entusiasmo sobre a matéria de estudo que estes se sentem movidos a fazerem a própria investigação e a explorarem caminhos para aprenderem mais sobre o tema em questão. A competência docente é essencial, mas não suficiente. Os nossos melhores professores têm competência, mas também demonstram entusiasmo.

> A *Expertise* do professor inclui não só experiência na matéria de estudo, mas também em pedagogia, psicologia e tecnologia, entre outros assuntos.
> Na relação entre professor e o mundo a ser estudado, a aprendizagem refrativa foca particularmente no domínio que o professor tem da matéria de estudo.

Relação aluno-mundo: Envolvimento e Excelência

A relação mais importante de todas, sem a qual não há aprendizagem, é a relação entre o aluno e o mundo a ser estudado. A menos que o aluno se implique diretamente com o objeto de estudo e com as ideias e conceitos relacionados a ele, não haverá autêntica aprendizagem. Na melhor das hipóteses, o aluno vai apenas repetir o que o professor disse ou decorar conteúdos sem os compreender. Tal aluno seria como o tolo a quem o sábio apontou a Lua com o dedo, mas o tolo apenas vê o dedo do sábio, perdendo completamente a visão do satélite natural da Terra.

Essa relação entre o aluno e o mundo deve ser marcada por **Envolvimento** e **Excelência**.

Não pode haver aprendizagem sem **Envolvimento**. Os professores percebem que o Envolvimento dos alunos com a matéria é uma condição necessária para que haja possibilidade de aprendizagem. Sem isso, os alunos não estarão focados na tarefa, muito menos entrarão em luta com as ideias na sua cabeça. Pense naqueles professores cheios de entusiasmo em relação às disciplinas que ensinam e nos alunos que neles se inspiram. Pela própria iniciativa, os alunos leem tudo o que podem sobre os temas, participam nas discussões e levam a cabo a sua investigação para aprenderem tanto quanto possível sobre a matéria de estudo. É assim que o envolvimento dos alunos se mostra.

Por fim, esperamos que a relação que o aluno mantém com o mundo seja marcada não pela mediocridade, mas pela **Excelência**. Por "Excelência", queremos dizer ter uma compreensão de um determinado aspecto do mundo que seja suficientemente completa e profunda de forma a que esse conhecimento seja bem *aplicado* na vida do aluno. Assim, Excelência refere-se ao que os alunos fazem com o que aprenderam.

O que faz com que essa relação entre aluno e mundo seja diferente das outras duas é o fato de os professores não terem controle direto sobre ela do mesmo modo que têm nas outras duas relações. O máximo que os professores podem fazer é "levar os alunos à água". Não podem forçá-los a envolverem-se diretamente com o mundo nem a serem excelentes no modo como lidam com ele. Os professores só podem planejar uma experiência que esperam que leve os alunos a esse Envolvimento e a essa Excelência.

Em resumo, a primeira grande ideia de Aprender por Refração é que a aprendizagem só pode acontecer quando os alunos lidam diretamente com o conteúdo (o mundo e as ideias) de uma maneira que seja marcada por Envolvimento e Excelência. Para causar isto, um professor deve cultivar duas outras relações: (a) a relação entre professor e aluno (Empatia e Empoderamento), e (b) a relação entre professor e conteúdo (*Expertise* e Entusiasmo).

Se os professores se esforçarem por promover estes 6 Es nas suas aulas, podem vir a ter turmas nas quais o cuidado pessoal com cada aluno é cultivado, em que a sabedoria e a paixão do professor são fontes de inspiração para a aprendizagem, e com alunos se envolvendo ativamente na aprendizagem.

ATIVIDADE — CONVERSE com COLEGAS

▸▸ Com base na impressão geral que você tem da equipe de professores da sua escola, qual destas três relações parecem ter sido construídas com maior sucesso?

Relação entre:
[ ] ALUNO e PROFESSOR   [ ] PROFESSOR e MUNDO   [ ] ALUNO e MUNDO

Qual delas essa equipe de professores negligenciou mais ou não foi tão bem-sucedida em construir?

ATIVIDADE — CONECTE-SE ao CONTEXTO

▸▸ Relembre o seu professor favorito. É provável que ele tenha sido excepcional em um, dois ou mais dos 6 Es. Descreva esse professor e identifique os Es em que era mais forte. Você pode selecionar mais de um.

[ ] *EXPERTISE*   [ ] EMPODERAMENTO   [ ] ENVOLVIMENTO
[ ] ENTUSIASMO   [ ] EMPATIA   [ ] EXCELÊNCIA

Como a opção que você escolheu se manifestava nas aulas desse professor?
Escreva ou esboce a sua resposta neste espaço.

▶▶ Reflita sobre a sua prática de ensino e avalie-a de acordo com a nossa lista. Dentre os Es a que nos referimos, em quais deles você se sente seguro (marque com um S) e em quais acredita que pode melhorar (marque com um M)?

[ ] *EXPERTISE*   [ ] EMPODERAMENTO   [ ] ENVOLVIMENTO
[ ] ENTUSIASMO   [ ] EMPATIA   [ ] EXCELÊNCIA

Pense sobre alguns passos concretos que pode dar para melhorar o que você assinalou com M e indique no quadro a seguir:

Vou PARAR

Vou CONTINUAR

Vou COMEÇAR

CAPÍTULO 2

DO ENSINAR AO APRENDER

Um desafio muito discutido entre educadores hoje é a necessidade de passar da abordagem mais tradicional centrada no professor a uma abordagem mais centrada no aluno. Professores e escolas devem fazer uma mudança fundamental no seu modo de pensar. Ao contrário de se perguntarem: "O que vou ensinar, como vou ensiná-lo?", têm de se questionar o seguinte: "O que os alunos vão aprender, e como podem aprender melhor?".

Em outras palavras, temos que mudar a nossa questão e transferir a nossa atenção do ensinar para o aprender.

Como aprendemos?

Uma teoria interessante defende que a tecnologia com a qual crescemos influencia não só o modo como nos comportamos enquanto audiência, mas também a forma como nos comportamos como alunos (Tapscott, 2009). Aqueles que cresceram com tecnologias como a televisão e o videocassete (nascidos antes de 1977) acostumaram-se a emissões de um só sentido; tudo o que precisavam fazer era desfrutar do entretenimento e ser uma audiência passiva, apenas recebendo o que era projetado na tela.

Gerações com TV e VHS (nascidos antes de 1977)	
Mídia com TRANSMISSÃO de um só sentido ➡	Espectadores PASSIVOS
Mídia INTERATIVA de dois sentidos ➡	Consumidores ATIVOS
Gerações da internet e posteriores (nascidos em 1977 ou depois)	

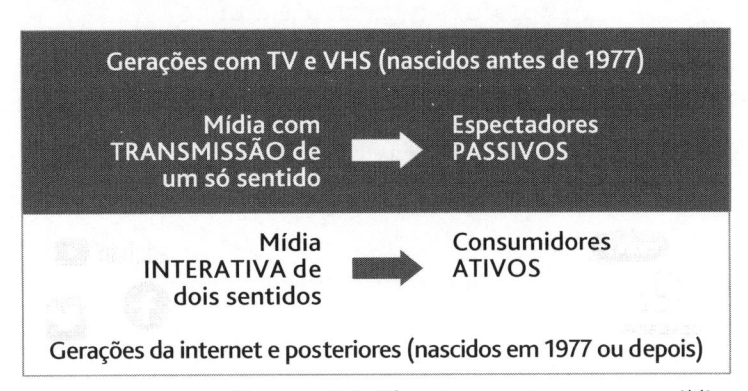

Diagrama 2.1: Diferentes gerações enquanto público

Aqueles que nasceram em 1977 e que depois cresceram com a tecnologia da internet são diferentes de pessoas mais velhas em termos do seu comportamento enquanto audiência. As tecnologias interativas de dois sentidos às quais se habituaram encorajam, e até requerem, um certo grau de interação: eles não podem permanecer passivos; precisam constantemente fazer escolhas clicando nos ícones apropriados e podem até decidir ser mais ativos publicando respostas (isso para não falar dos que criam os próprios *blogs* ou vídeos).

De acordo com Tapscott (2009), o nosso comportamento enquanto alunos tem a tendência a ser semelhante à forma como agimos como membros de uma audiência. As gerações que cresceram com TV e VHS estão acostumadas a **aulas de um só sentido centradas no professor**, nas quais esperam ser recipientes passivos de conhecimento. As gerações mais novas, por sua vez, preferem uma **abordagem interativa com dois sentidos centrada no aluno**, em que podem criar conhecimento ativamente e colaborar com outros.

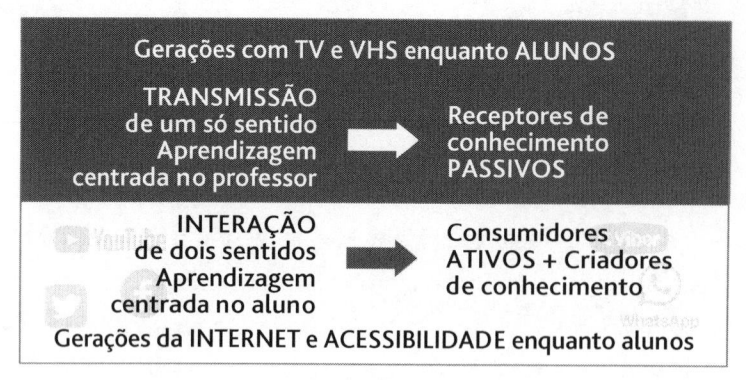

Gerações com TV e VHS enquanto ALUNOS	
TRANSMISSÃO de um só sentido Aprendizagem centrada no professor	→ Receptores de conhecimento PASSIVOS
INTERAÇÃO de dois sentidos Aprendizagem centrada no aluno	→ Consumidores ATIVOS + Criadores de conhecimento
Gerações da INTERNET e ACESSIBILIDADE enquanto alunos	

Diagrama 2.2: Diferentes gerações de alunos

A maioria dos professores de hoje ensina como foi ensinada, por exemplo, com tendência a uma abordagem em que a transmissão é de um sentido. Em outras palavras, a maioria "ensina dizendo". Mas os alunos mudaram, e é importante que os professores saibam quem eles são e se adaptem às suas necessidades se querem ser eficazes no seu modo de os educar.

Uma nova geração de alunos

A companhia australiana de investigação McCrindle (2015) faz uma distinção entre a Geração Z (pessoas nascidas entre 1995 e 2009) e aqueles nascidos depois de 2009, aos quais chamam "Geração Alpha" (ou α).

A Geração Z é caracterizada como sendo a que só conheceu um mundo "*wireless*, hiperconectado, gerado pelos utilizadores e no qual se está apenas a uns cliques de distância de qualquer pedaço de conhecimento" (McCrindle, 2015).

A Geração α, por sua vez, está crescendo num mundo onde o principal meio de disseminação de conteúdos é a tela: "ao contrário do papel, [a tela] é um formato cinestésico, visual, interativo, conectivo e portátil" (McCrindle, 2015).

Graças à tecnologia digital, até os mais novos conseguem produzir e publicar conteúdos (por exemplo, *blogs*, vídeos do YouTube) com o potencial de alcançar uma audiência global. Um número surpreendente de pessoas da Geração α é até capaz de contribuir significativamente para o mundo através de *websites* de ação social, ou servindo como cidadãos cientistas.

Para ser eficazes, os professores precisam se adaptar. As suas práticas de ensino devem ser apropriadas para uma inteira geração de alunos que têm acesso constante à informação atualizada e distribuída de forma imensamente interativa e portátil.

ATIVIDADE
CONVERSE com COLEGAS

▶▶ Vamos discutir metáforas!
▶▶ As metáforas são úteis para revelar algumas das nossas crenças implícitas sobre aprender e ensinar.

Para você, quais das seguintes imagens captam melhor o que é a aprendizagem? Por quê?

[ ] O aluno é como uma página em branco que o professor pode encher de conhecimento.
[ ] O aluno é como uma janela que deve estar limpa e aberta a receber novos conhecimentos.
[ ] O aluno é como um bibliotecário que seleciona informação em livros e os arruma nas prateleiras apropriadas para mais tarde recuperá-la facilmente.

Das opções abaixo, qual melhor descreve aquilo que a maioria dos professores nas nossas escolas faz aos seus alunos? Por que e como?

[ ] Encher o vaso das suas mentes com conhecimento.
[ ] Inflamar as suas mentes para o conhecimento.
[ ] Apagar o fogo nas suas mentes.

> O que as suas escolhas revelam sobre as suas crenças em relação à aprendizagem e sobre as práticas educativas predominantes na sua escola?

ATIVIDADE
CONECTE-SE ao CONTEXTO

▶▶ Elabore uma tabela em T para distinguir o modo como você costuma ensinar e o modo como os seus alunos das Gerações Z e α preferem aprender. Repare que até professores mais novos têm tendência a ensinar como foram ensinados (pelos seus professores da Geração Baby Boom). Observe o exemplo.

COMO NÓS, PROFESSORES, TENDEMOS A ENSINAR	COMO AS GERAÇÕES Z E α PREFEREM APRENDER
Comunicar toda a informação pertinente através de instrução direta (palestra etc.).	Aprendizagem experiencial, com instrução direta dada em pequenas partes quando necessário.

Centrada no aluno, guiada por reflexão, orientada à ação

As salas de aula tradicionais foram criticadas por serem demasiado centradas no professor e orientadas aos exames. Nelas, os professores fazem quase todo o trabalho e discurso, e os alunos geralmente permanecem passivos, sendo apenas avaliados em termos daquilo que são capazes de lembrar e compreender das palestras dos docentes. A maioria delas também tende a ser conduzida pelo livro didático. Por exemplo: (1) os professores fazem uso do livro didático como se este fosse uma apostila, seguindo-o quase ao pé da letra, sem identificarem prioridades com base no seu contexto; e/ou (2) os professores não suplementam o livro didático com outras referências ou atividades para adicionar perspectivas, ligar os conceitos ou relacionar os conteúdos com os problemas atuais do mundo real.

Aprendizagem refrativa, por sua vez, não é centrada no professor, nem orientada aos exames, nem guiada por livros didáticos.

Em primeiro lugar, é inequivocamente **centrada no aluno**. Conforme visto no capítulo anterior, um dos seus princípios fundamentais é que os alunos devem relacionar-se diretamente com o conteúdo ou matéria de estudo (o mundo que estudam). Desta forma, eles tornam-se estudantes de conteúdo ativos, em vez de meros recipientes passivos. O seu relacionamento com o conteúdo deve, idealmente, ser marcado por Envolvimento e Excelência.

A aprendizagem deve ser alimentada pela curiosidade do aluno em saber mais sobre o mundo e compreendê-lo. Como Perkins (2014) afirma, devemos "educar para o desconhecido" – não apenas "passar os conteúdos de caixas já abertas, mas promover curiosidade em relação àquelas que ainda estão fechadas ou ainda só ligeiramente abertas" (p. 23). Para serem preparados para um mundo em fluxo, os alunos não só devem ter oportunidades de olhar para caixas já abertas, mas também precisam *abrir* caixas por si mesmos.

Esta ênfase na relação direta entre o aluno e o mundo coloca o discente na frente e no centro da experiência educativa. **Em outras palavras, a aprendizagem acontece não graças ao que o professor diz, mas devido ao que o aluno faz.**

Conexão Inaciana

"[O *Paradigma Pedagógico Inaciano*] tenta motivar os alunos envolvendo-os como participantes ativos e críticos no processo de ensino-aprendizagem. Ele aponta para uma aprendizagem mais pessoal, aproximando as experiências dos alunos e professores. Convida a uma integração das experiências de aprendizagem nas aulas com as de casa, do trabalho, da cultura dos colegas etc." (*Pedagogia Inaciana*, 1993, #75).

A aprendizagem refrativa não é apenas centrada no aluno, mas também guiada pela reflexão e orientada à ação.

APRENDIZAGEM TRADICIONAL	APRENDER por REFRAÇÃO
Centrada no professor	Centrada no aluno
Guiada por livros didáticos	Guiada por reflexão
Orientada aos exames	Orientada à ação

Tabela 2.1: Aprendizagem tradicional *vs.* aprendizagem refrativa

Em nossa visão, os alunos devem ser encorajados e conduzidos pelos seus professores a "criar sentido" – a meditar sobre a matéria de estudo, a examiná-la por si mesmos e a interpretá-la; por isso, o uso do termo **guiada por reflexão** na tabela anterior. Este ato pessoal de **criação de sentido** que resulta do seu exercício de reflexão é que conduz a sua aprendizagem.

Já o objetivo da aprendizagem, para nós, é que os alunos possam realmente fazer a diferença no mundo, o que explica o termo **orientada à ação** na tabela anterior. Por isso, o planejamento das aulas, incluindo as formas de avaliação, deve capacitar os alunos a aplicar o que aprenderam para além do teste. O objetivo da aprendizagem não é apenas passar nos exames; é tornar os alunos capazes de usar o seu conhecimento, capacidades e compreensão na tomada de decisões e na resolução de problemas no mundo real. Esta orientação à **transferência da aprendizagem** é crucial e necessita ser inserida no planejamento das experiências de aprendizagem dos alunos.

Conexão Inaciana

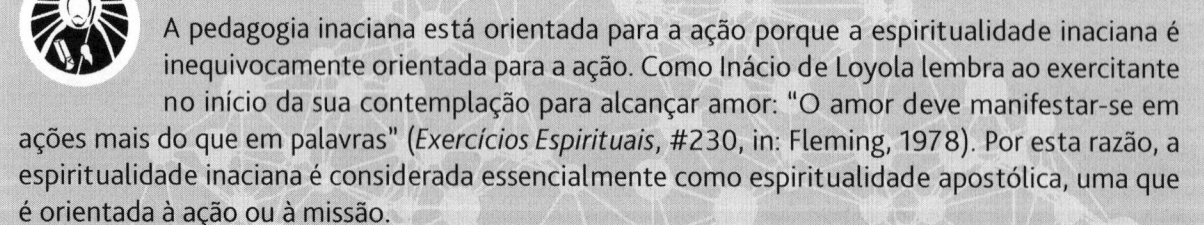

A pedagogia inaciana está orientada para a ação porque a espiritualidade inaciana é inequivocamente orientada para a ação. Como Inácio de Loyola lembra ao exercitante no início da sua contemplação para alcançar amor: "O amor deve manifestar-se em ações mais do que em palavras" (*Exercícios Espirituais*, #230, in: Fleming, 1978). Por esta razão, a espiritualidade inaciana é considerada essencialmente como espiritualidade apostólica, uma que é orientada à ação ou à missão.

Do mesmo modo, a finalidade da aprendizagem inaciana é a ação, fazer a diferença na vida dos outros e, à maneira própria de cada um, transformar o mundo.

Experiência, reflexão e ação

Ao fazer a distinção entre abordagens centradas no professor e abordagens centradas no aluno, a questão central sobre a qual devemos refletir é:

"Quem está encarregado da aprendizagem?".

Embora o professor ainda tenha um papel muito importante no processo de ensino e aprendizagem, em última análise é o aluno que está encarregado de aprender.

Mas o que o aluno deve fazer concretamente?

Em aprendizagem refrativa, o aluno tem três tarefas principais: **experienciar, refletir e agir**.

EXPERIENCIAR A aprendizagem começa com a experiência, e quanto mais profunda for a experiência, maior será a aprendizagem. Idealmente, as experiências de aprendizagem que planejamos para os nossos alunos devem ser holísticas, isto é, que não se limitem, por exemplo, a ouvir aulas, mas que incluam tarefas ativas que envolvam também os outros sentidos. Quanto maior for a variedade de experiências de aprendizagem, mais eficazes serão as aulas. Assim, se a instrução direta continua a ser preciosa para atingir os objetivos de aprendizagem no que diz respeito à aquisição de conhecimento e capacidades, ela não deve, no entanto, ser o único método empregado para fazer com que os alunos aprendam. Uma aula torna-se **centrada no aluno** quando o professor usa um vasto repertório de estratégias de ensino para além da instrução direta, proporcionando à turma uma experiência mais holística.

REFLETIR A experiência é o ponto de partida da aprendizagem, mas sem reflexão sobre essa experiência não pode haver aprendizagem. Conhecer é um processo ativo e pessoal que os alunos devem conduzir por si mesmos e pelo qual devem ser responsáveis. Se a experiência não se tornar significativa para eles, os alunos acabarão apenas "papagueando" o professor e os peritos da área sem de fato compreender o que dizem. Por esta razão, é crucial que os professores deem propositadamente o tempo necessário e a estrutura às suas aulas que permitam aos alunos envolverem-se na reflexão. Quando os alunos são capazes de construir a sua compreensão e avaliá-la adequadamente usando a autoridade e a evidência, então a aprendizagem torna-se verdadeiramente **guiada pela reflexão**.

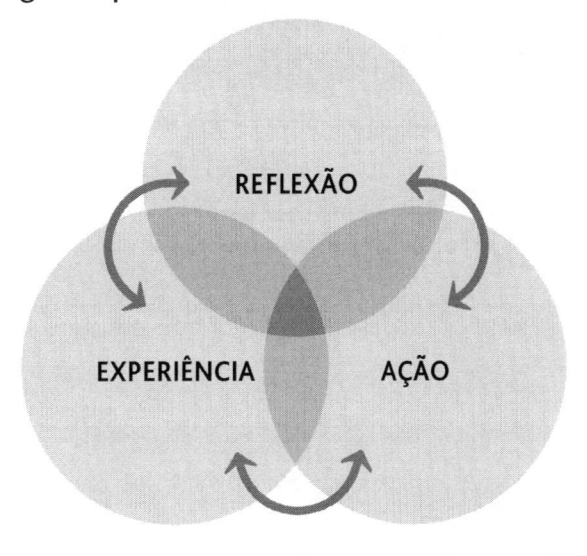

Diagrama 2.3: O que os alunos fazem em Aprendizagem Refrativa

AGIR   Sem ação a aprendizagem não tem valor. Para que a aprendizagem valha a pena, ela tem que ser aplicável à vida real. A aplicação não deve ser vista como uma atividade opcional que os alunos fazem se e apenas quando sobra tempo. Aos alunos deve ser dada oportunidade de usar e aplicar aquilo que aprenderam de uma forma que não só demonstre aos professores e aos outros aquilo que aprenderam, mas que também lhes permita aprender mais nesse processo. Assim, em aprendizagem **orientada à ação**, os professores são encorajados a planejar tarefas que sejam relevantes e desafiadoras para os seus alunos.

Conexão Inaciana

Os três elementos básicos da pedagogia inaciana são: experiência, reflexão e ação.

"Assim, a constante interação entre EXPERIÊNCIA, REFLEXÃO e AÇÃO na dinâmica de ensinar e aprender da sala de aula está no centro da pedagogia inaciana. Este é o nosso modo de proceder nas escolas Jesuítas ao acompanharmos o aluno no seu trajeto de se tornar uma pessoa humana completa… [Ele] sugere inúmeras formas através das quais os professores podem acompanhar os seus alunos de modo a facilitar aprendizagem e crescimento através de encontros com a verdade e de explorações do significado do humano" (*Pedagogia Inaciana*, 1993, #29-30).

Duas ideias erradas sobre aprendizagem centrada no aluno

Ideia errada 1: Aprendizagem centrada no aluno significa deixar que este tome todas as decisões sobre que materiais deve estudar. Em aulas centradas nos alunos não são estes, nem sequer o professor individualmente, que devem decidir o que conta como digno de ser aprendido. Ao contrário, é a comunidade educativa, acessível não só através de investigação e livros, mas também da equipe de professores da escola. Os objetivos de aprendizagem e o plano de estudos devem ser definidos com a ajuda de especialistas e peritos.

Zmuda, Curtis e Ullman (2015) definem ensino personalizado como "um modelo progressivamente mais centrado no aluno no qual este lida em profundidade com desafios significativos, autênticos e rigorosos, demonstrando, assim, os resultados desejados". Mas também levantam uma questão interessante: "Quem define os parâmetros da experiência educativa?". Em resposta, oferecem uma escala contínua e personalizável de aprendizagem e advertem-nos contra os dois extremos da escala: "uma experiência completamente centrada no e prescrita pelo professor" e "uma experiência iniciada e planejada pelo aluno sem orientação de padrões ou objetivos estabelecidos".

Ideia errada 2: Aprendizagem centrada no aluno significa que este tem autonomia total na sua tarefa de construir conhecimento ou criar sentido. Nada mais longe da verdade. Se a aprendizagem é para ser conduzida por reflexão, então qualquer interpretação tem que ser justificável e ancorada naquilo que é aceito pela comunidade de especialistas e estudiosos nessa disciplina ou área de estudo. Em suma, centramento no aluno não é relativismo, no qual todas as afirmações ou teorias são consideradas igualmente válidas. Um dos objetivos da reflexão é precisamente avaliar asserções opostas e julgar qual delas é mais aceitável com base em evidências e argumento.

ATIVIDADE
ASSUMA um PEQUENO DESAFIO

▶▶ Como deve ser a aprendizagem centrada no aluno? Se alguém entrasse na sua sala de aula, como essa pessoa saberia que a sua aula é centrada nos alunos? Por exemplo, quão ativamente os alunos "pensam e fazem"?

Visite a aula de um colega que concorde em ser observado por você.
Depois, na tabela da página seguinte:

▶ Tome nota de tudo que observar o professor e os alunos fazerem durante a aula.
▶ Faça uma estimativa de duração da aula na primeira coluna.
▶ Na última coluna, escreva quão ativamente "pensando/fazendo" os alunos estão.
▶ Calcule o tempo de aula em que os alunos estão "pensando/fazendo".

Eis um exemplo de como a sua tabela de observação pode ser preenchida:

DURAÇÃO ESTIMADA	AÇÕES DO PROFESSOR	AÇÕES DOS ALUNOS	ALUNOS "PENSANDO/FAZENDO"
7 minutos	Distribui perguntas para guiar a visualização de um vídeo. Apresenta um vídeo relacionado à lição de hoje.	Assistem ao vídeo, sobre o qual tomam algumas notas.	Escutam passivamente (0 minuto).
5 minutos	Conduz um debate acerca das questões propostas.	Três alunos respondem; o restante da turma ouve ou toma notas.	Apenas alguns alunos parecem refletir sobre as perguntas (5 minutos).
25 minutos	Apresenta a matéria e faz algumas perguntas de compreensão.	A turma toma notas; os mesmos três alunos respondem às perguntas do professor.	Apenas alguns alunos parecem refletir sobre as perguntas (5 minutos).
3 minutos	Pede aos alunos que discutam com um colega.	Os alunos conversam em pares.	Todos os alunos estão pensando e fazendo (5 minutos).
TEMPO TOTAL	40 minutos		Cerca de 15 minutos, apenas alguns alunos.
% TOTAL DO TEMPO DE AULA	100%		15/40 = 37,5%

DURAÇÃO ESTIMADA	AÇÕES DO PROFESSOR	AÇÕES DOS ALUNOS	ALUNOS "PENSANDO/FAZENDO"
TEMPO TOTAL			
% TOTAL DO TEMPO DE AULA			

ATIVIDADE
CONVERSE com COLEGAS

Que tipo de PENSAR e FAZER está ocorrendo em cada segmento?
Quanto do pensar e fazer é realizado pelos alunos?
Eles estão experimentando, refletindo e agindo? Será que o professor, por exemplo, fez a maior parte da "análise" ou da "resolução complexa de problemas", enquanto os alunos simplesmente tomavam notas?

O que você pode concluir da estimativa da duração total e do percentual de tempo de aula em que os alunos PENSARAM e AGIRAM? Por quê?

Com base apenas nesta informação, como você descreveria a aula em termos de centramento no **professor** ou nos **alunos**? Localize a aula na escala a seguir:

⟵──────────────────────────⟶

CENTRADA NO PROFESSOR   **CENTRADA NOS ALUNOS**

Usar uma abordagem centrada nos alunos não significa necessariamente que o professor deva evitar a instrução direta ou outras estratégias centradas nele próprio. Há momentos que requerem uma abordagem centrada no professor.
Dada a natureza da aula observada, você diria que a abordagem usada foi eficaz? Explique por quê.

O aluno enquanto indagador, construtor de sentido e criador

Para poderem experienciar, refletir e agir, os alunos precisam assumir três papéis: de **indagador**, **construtor de sentido** e **criador**.

INDAGADOR Os inquiridores têm capacidade de espanto e curiosidade acerca do mundo à sua volta. Para eles, cada experiência é uma porta para nova aprendizagem e compreensão mais profunda. São observadores perspicazes, fazem perguntas e experimentam constantemente, explorando por si mesmos em busca de respostas a essas questões.

Os alunos não devem, por isso, apenas sentar-se passivamente à espera que o professor lhes diga o que fazer. Devem ser encorajados a deixar que a sua curiosidade os motive a explorar e investigar o tema em estudo por si mesmos. Essa busca automotivada aumenta a quantidade de conhecimento que os alunos absorvem em comparação com as abordagens centradas no professor, que meramente oferece os conteúdos, para não dizer que os dá de bandeja.

CONSTRUTOR DE SENTIDO
Aprender é, pela sua natureza, um processo pessoal no qual o aluno constrói conhecimento e o cultiva. Alunos refrativos refletem acerca das suas experiências e da informação que encontram. Através da procura de padrões, ligações, bem como de diferentes perspetivas, eles chegam a descobertas pessoais, mas também testam esses *insights* diante das provas e da autoridade.
Isto é especialmente relevante hoje porque a tendência que resulta da tecnologia e da cultura da "cópia e cola" impele-nos a ser meros "caçadores e coletores na floresta digital" (Carr, 2010, p. 138).

Para construírem sentido, os alunos precisam ter tempo e oportunidades para refletir acerca das experiências e da informação, bem como serem conduzidos a revisitar, repensar, e apurar os seus *insights*.

CRIADOR Quando os alunos criam algo usando aquilo que tinham aprendido, eles aprendem mais. Cada vez que criam algo e se expressam pessoalmente ou trabalham em grupo na resolução de problemas, são capazes de aplicar o que aprenderam para além dos exames, usando esse conhecimento até em situações novas e incertas.

Os alunos devem ser capacitados a usar o que aprenderam para apresentarem um bom desempenho ou criarem um produto que também expanda a sua aprendizagem. Em suma, a aplicação de conhecimento não é feita apenas para fins de avaliação, mas também para aumentar a aprendizagem durante o próprio processo de aplicação daquilo que aprenderam.

Estes três papéis do aluno correspondem às características da Aprendizagem Refrativa, bem como aos três componentes da pedagogia inaciana.

PAPÉIS DO ALUNO	O QUE FAZEM OS ALUNOS REFRATIVOS	CARACTERÍSTICAS DA APRENDIZAGEM REFRATIVA
Indagador	Experienciam	Centrada no aluno
Construtor de sentido	Refletem	Guiada por reflexão
Criador	Agem	Orientada à ação

Tabela 2.2: Três funções do aluno refrativo

Funções tradicionais do professor e do aluno

As funções que os professores desempenham na sala de aula determinam as funções que os seus alunos acabam por assumir. O que os professores fazem, o modo como planejam as suas aulas e como conduzem o seu ensino dão um importante sinal aos alunos e sugerem que papéis podem assumir e que ações podem realizar nas aulas, o que leva a aprenderem, ou não aprenderem.

Examinemos as funções tradicionais do professor e dos alunos em comparação com o que esperamos de professores e alunos em Aprendizagem Refrativa.

Existem três estereótipos tradicionais de professor: o perito, o artista e o inspetor. Estes modelos de ensino dão origem a três funções ou estereótipos de aluno que estão longe de ser ideais.

O PROFESSOR COMO PERITO

O estereótipo mais comum dos professores é serem vistos como **peritos**. Na sala de aula, a pessoa com maior conhecimento deve ser o professor; se assim não fosse, o que estaria ele fazendo ali? A mestria é, sem dúvida, uma qualidade essencial do professor. Mas uma coisa é ser um perito numa determina área de estudo, outra coisa completamente diferente é ser considerado o *único* perito na sala de aula.

Em primeiro lugar, assumir a função de perito já nem sempre é possível nos dias de hoje, uma vez que o fácil acesso à informação foi tornado possível pela tecnologia. O professor nem sempre é necessariamente a pessoa com mais informação em todas as aulas; basta haver um aluno ou aluna particularmente curioso que tenha pesquisado mais na internet.

Na verdade, há uma regra implícita entre educadores hoje mais ou menos assim: "Se pode pesquisar isso no Google, não gaste muito tempo ensinando". Quer gostemos disso quer não, os professores que insistem em assumir o papel de perito correm o risco de se tornar cada vez mais irrelevantes nesta era da informação.

No entanto, mais importante ainda é que se fazer de perito nas aulas não é pedagogicamente eficaz. Simplesmente porque não encoraja os alunos a aprenderem por si mesmos. Se os professores agirem principal ou exclusivamente como fontes de informação, se tudo o que fazem se resume a fornecer aos alunos informações que podem ser facilmente encontradas na internet, eles acabam fazendo todo o trabalho. Na melhor das hipóteses, eles encorajam os seus alunos a agir como **esponjas**: tudo o que se espera deles é que absorvam passivamente aquilo que os professores ensinam.

É claro que os professores devem ser peritos nas suas disciplinas, mas, se agirem como se fossem os únicos peritos na sala de aula, não vão melhorar a aprendizagem.

O PROFESSOR COMO ARTISTA

Um segundo estereótipo é o do professor como **artista**. Todos nós tivemos a felicidade de encontrar esse tipo de professor durante a nossa educação: são professores que têm o dom de manter o seu público cativado graças às suas palestras fascinantes, ao seu senso de humor ou carisma natural. Nunca há um momento tedioso nas suas aulas. Têm o dom inato de manter os seus alunos interessados e de cativar a audiência.

No entanto, o problema com este modelo de ensino é que nem todos os professores têm esse dom. Nem todos nascemos artistas ou extrovertidos.

Ao mesmo tempo, ao passo que o envolvimento dos alunos é um elemento necessário à aprendizagem, por si só ele não garante que haja aprendizagem. De fato, em casos extremos, o professor artista acaba por encorajar os alunos a não serem mais do que **espectadores** cativados, sem dúvida, mas meramente uma audiência para o professor que segue ocupando o centro do cenário.

Mas há boas notícias. Nós não precisamos ser artistas para garantir o envolvimento dos alunos nas nossas aulas. De fato, o envolvimento dos alunos tem mais a ver com experiências de aprendizagem que são significativas e desafiadoras do que com professores que entretêm bem e são engraçados.

O PROFESSOR COMO INSPETOR

Um terceiro estereótipo comum é o do professor como **Inspetor**, isto é, a pessoa que garante o controle de qualidade. Neste caso, isso se refere a professores que levam tão a sério as avaliações que ganham fama de severos e uma reputação de "professores aterrorizadores".

Avaliações que monitorizam a aprendizagem do aluno são uma parte indispensável do aprender e ensinar, mas um enfoque exagerado nelas pode levar a que inadvertidamente achemos que aprendizagem e notas nos testes são a mesma coisa. É claro que precisamos de testes e de notas para determinar se os nossos alunos alcançaram os objetivos de aprendizagem desejados ou não. Mas quando age primeiramente como inspetor, o professor acaba por passar a mensagem de que as notas são mais importantes que a própria aprendizagem.

PROFESSOR	ALUNO
PERITO	ESPONJA
ARTISTA	ESPECTADOR
INSPETOR	PRODUTO

Tabela 2.3: Funções tradicionais do professor e do aluno

Numa sala de aula em que o professor tende a assumir o papel de inspetor, os alunos são tratados como não mais do que **produtos** que precisam passar no teste de controle de qualidade.

Está claro que o papel tradicional do professor não encoraja os estudantes a adotarem as características essenciais da aprendizagem refrativa.

ATIVIDADE
CONECTE-SE ao CONTEXTO

▶▶ Para qual destes três estereótipos, se algum, você tem mais tendência ou inclinação?

Professor como ☐ **PERITO** ☐ **ARTISTA** ☐ **INSPETOR**

Por quê? Que sinais há de que isso é verdade na sua sala de aula?

ATIVIDADE
CONVERSE com COLEGAS

▶▶ Para fazer a distinção entre abordagens centradas no professor e centradas no aluno, é útil refletir sobre a seguinte questão: **"Quem está no comando quando se trata de pensar, fazer, e aprender?"**. Mas a resposta a essa questão não é simples nem direta.

— Discuta com os seus colegas sobre isto. —

Na sua opinião, é apropriado comparar o aluno ao ator principal de um filme e o professor ao diretor, e ambos tendo funções fundamentais no processo de ensino e aprendizagem? Quais são essas funções?

Sábio no Palco ou Guia ao Lado?

Uma forma conhecida de distinguir o papel do professor em aulas centradas nele e em aulas centradas no aluno é perguntar se o professor está desempenhando o papel de "**sábio no palco**" ou o papel alternativo de "**guia ao lado**".

Nas aulas tradicionais, os holofotes permanecem fixos no professor, que age como uma espécie de perito infalível. Por outro lado, numa aula centrada no aluno, é este que ocupa o centro do palco, com o professor relegado a um mero papel de secundário.

A mudança para "**guia ao lado**" pode levar ao erro de pensar que o conhecimento especializado do professor já não é importante na sala de aula.

Ao contrário, quando os professores dão um passo atrás e abdicam do controle da aula em favor dos seus alunos, é aí que, mais do que nunca, precisam de competência não só em termos de conhecimento dos conteúdos, mas especialmente em termos de pedagogia. Assim, numa aula centrada nos alunos, o papel mais próprio que o professor deve assumir é o de "**sábio ao lado**", que se refere muitíssimo à importante função do professor como aquele que planeja a experiência de aprendizagem centrada no aluno e que, além disso, ainda tem que fazer uma miríade de decisões pedagógicas e ajustes – mesmo que desde a base –, visando ao avanço da aprendizagem de todos e cada um dos alunos.

Transformação do professor

Os papéis que tanto os professores como os alunos assumem numa sala de aula caracterizada por Aprendizagem Refrativa são diferentes. Para promover a aprendizagem, os professores devem começar a fazer os ajustes necessários e a rever os papéis que desempenham na sala de aula.

O PROFESSOR COMO DESIGNER

Uma função inesperada do professor que emergiu recentemente é a de **designer**. Este conceito vem das noções de Herbert Simon (1996) e Donald Schön (1983) para profissionais sobretudo da área de ciências do *design*. Como qualquer profissional, um professor preocupa-se com a transformação daquilo que é (o que os alunos não sabem) naquilo que deve ser (aprendizagem). O trabalho do professor é sobretudo planejar o ambiente e as experiências que vão promover a aprendizagem.

A principal questão que o professor enquanto *designer* aborda é: Que ambiente educativo e que tipo de experiências de aprendizagem vão mais facilmente levar os alunos a envolverem-se com o mundo a ser investigado, e que resultarão na compreensão desse mundo e numa resposta a ele?

Com um professor desempenhando tal função, os alunos são encorajados a ser **indagadores** ativos, que questionam tanto o meio onde vivem como as suas experiências. Longe de permanecerem os alunos passivos que os estereótipos de ensino tradicionais engendram, eles são encorajados a agir como aprendizes ativos e curiosos.

O PROFESSOR COMO FACILITADOR

Um outro papel alternativo que os professores podem escolher assumir é o de **facilitador** da reflexão e compreensão dos alunos. De certa forma, os professores guardam para si o seu conhecimento, e abstêm-se de dar "respostas certas". Em vez disso, eles elaboram questões cuidadosamente planejadas de modo a encorajar os alunos a refletirem e a construírem o próprio conhecimento. Os professores fazem isso dando os suportes necessários através de perguntas para reflexão e pistas para que os alunos possam, por si mesmos, chegar à compreensão.

Isso faz os alunos trabalharem como **construtores de sentido** após receberem a ajuda dos professores, que agem como facilitadores.

O PROFESSOR COMO TREINADOR

Além de facilitarem a compreensão, os professores também podem desempenhar a função de **treinadores** ao guiar os seus alunos na arte de aplicar o que aprenderam a contextos da vida real para além dos testes. Os professores podem fazer isto planejando desafios que não só são aplicáveis à vida real, mas também considerados importantes nessa disciplina. Através da sua orientação e *feedback*, os professores ajudam os alunos a criar produtos de qualidade ou a ter performances excelentes no processo.

Os alunos de uma turma em que o professor assume o papel de treinador são treinados para tornarem-se **criadores** de conhecimento.

Conforme a Tabela 2.4, os papéis de professor e aluno que promovem aprendizagem refrativa são muito diferentes dos que encontramos das aulas tradicionais.

PROFESSOR	ALUNO
DESIGNER de ambientes e experiências de aprendizagem	INDAGADOR
FACILITADOR de reflexão e construção de sentido	CONSTRUTOR DE SENTIDO
TREINADOR da transmissão de aprendizagem	CRIADOR

Tabela 2.4: Funções desejáveis do professor e do aluno

ATIVIDADE
ASSUMA um PEQUENO DESAFIO

▶▶ Tendo em vista as suas qualidades pessoais e profissionais, qual das três funções alternativas de ensino você considera: (a) mais fácil e (b) mais difícil? (Marque F para fácil e D para difícil.)

Professor como   ☐ *DESIGNER*   ☐ FACILITADOR   ☐ TREINADOR

Que pequeno passo concreto você pode dar para iniciar uma mudança de funções na sua próxima aula? De que tipo de apoio precisa para fazer essa transição?

ATIVIDADE
CONECTE-SE ao CONTEXTO

▸▸ Os itens a seguir representam algumas mudanças nas abordagens educacionais que a aprendizagem por refração exige. Onde você localizaria sua prática e crenças atuais sobre aprender e ensinar em cada *continuum*?

	Das ABORDAGENS TRADICIONAIS	1	2	3	4	À APRENDIZAGEM por REFRAÇÃO
PLANO DE ESTUDOS	Guiado pelo livro didático (tratar os conteúdos)					Guiado por reflexão (compreender o mundo por meio de normas e objetivos estabelecidos)
AVALIAÇÕES	Orientadas aos testes (notas de exames)					Orientadas à ação (aplicação e transferência de conhecimento no mundo real)
FUNÇÕES DO PROFESSOR	Mestre: perito, artista e/ou inspetor					Guia: *designer*, facilitador ou treinador
FUNÇÕES DO ALUNO	Esponja, Espectador, e/ou produto					Indagador, construtor de sentido e/ou criador
Resumo da MINHA PRÁTICA ATUAL e CRENÇAS SOBRE APRENDER e ENSINAR	**Mais centradas no professor**					**Mais centradas no aluno**

CAPÍTULO 3

APRENDENDO ATRAVÉS DE REFLEXÃO E AÇÃO

ATIVIDADE — CONVERSE com COLEGAS

▶▶ Relembre uma experiência de aprendizagem bem-sucedida, memorável e talvez até entusiasmante que você tenha tido (não necessariamente acadêmica).

Como essa experiência aconteceu?
O que você aprendeu com ela? O que foi obstáculo à aprendizagem?

O que essa experiência diz a você sobre como a aprendizagem acontece?

"O significado de conhecimento passou de ser capaz de lembrar e repetir informação para ser capaz de encontrar e usar informação. O objetivo da educação é mais corretamente entendido como ajudar os alunos a desenvolver as ferramentas intelectuais e estratégias de aprendizagem essenciais para adquirir o conhecimento necessário para pensar produtivamente."

– Herbert Simon (1996)

Como o significado de aprendizagem evoluiu com o passar dos anos?

A aprendizagem costumava ser definida quase exclusivamente em termos de conhecimento. Numa aula de Inglês, por exemplo, os alunos sabem as regras da gramática, tais como concordância entre nome e verbo, voz passiva e ativa etc.? Em Ciências, a turma está familiarizada com as partes da célula e as suas funções, ou com a lei da atração universal de Newton? Em História, os alunos conseguem lembrar-se das datas e eventos significativos da Roma Antiga?

Consequentemente, a pergunta que os professores costumavam fazer para avaliar a aprendizagem era: Os alunos "sabem" os fatos que os livros didáticos apresentam, os conceitos ensinados pelo professor, ou o conhecimento transmitido nas aulas? Em outras palavras, os alunos conseguem identificar, enumerar e rotular estes conteúdos nos exames?

Mas hoje, graças à tecnologia, a própria definição de conhecimento mudou e passou de ser simplesmente "ser capaz de lembrar e repetir informação para ser capaz de encontrar e usá-la" (Simon, 1996).

Antes do Google, a maioria das informações só estava disponível em livros, artigos impressos ou gravações de áudio ou vídeo produzidas por especialistas. Por isso, os alunos tinham que aprender tudo de que pudessem eventualmente precisar um dia – a chamada "aprendizagem pelo sim e pelo não" (Collins; Halverson, 2009).

Nos dias de hoje, a capacidade de recordar e repetir informação já não é tão valorizada. Qualquer criança sabe fazer uma pesquisa na internet e procurar toda a informação que costumávamos ter acumulada em nosso cérebro. Porque tudo isto é tão facilmente acessível hoje – literalmente, a um clique de distância sempre que precisamos –, já não faz muito sentido memorizar fatos e conceitos. Podemos aprender o que quer que seja sempre que precisamos – a chamada "aprendizagem no tempo necessário" (Wharton, 2000).

No entanto, a maioria dos educadores hoje retém a noção ultrapassada de que aprender e lembrar são equiparáveis, e o seu método normal de averiguar se os alunos aprenderam ou não é simplesmente testando a memória deles.

Aprendizagens centradas no professor, guiadas por livros didáticos, e orientadas aos testes levam a um enfoque quase exclusivo num tipo de ensino de "única resposta certa", resultando nos problemas de aprendizagem que afligem os nossos alunos hoje, a saber:

1. **Amnésia acadêmica**
Quando os alunos se esquecem de tudo dez minutos depois de terem vomitado todos os conteúdos num exame, e

2. **Constipação intelectual**
Quando o conhecimento dos alunos é tão rígido que eles não sabem como o aplicar para além do teste.

A amnésia acadêmica acontece por falta de compreensão. Os alunos esquecem-se daquilo que memorizaram para o teste porque lhes falta um sistema de organização, e sem isso não têm maneira de recuperar coisas que não compreenderam.

Já a razão pela qual a constipação intelectual acontece é porque os alunos não foram conduzidos desde o início a saber usar e aplicar aquilo que aprenderam.

No século XXI, a aprendizagem não pode consistir somente em memorizar. A aprendizagem de hoje tem que incluir tanto a compreensão dos conteúdos como sua aplicação ao mundo. Esses são os elementos que consideramos essenciais para a aprendizagem do século XXI.

Para promover compreensão e aplicação, a Aprendizagem por Refração enfatiza duas tarefas centrais ao aprender: reflexão e ação.

APRENDIZAGEM REFRATIVA = REFLEXÃO + AÇÃO

Aprender através da reflexão

Nos dias de hoje, aprender não se pode limitar a "saber sobre"; precisa incluir compreensão. Compreender não é o mesmo que "saber muitas coisas" sobre algo, uma distinção feita por especialistas em educação como Perkins (2014) e Wiggins e McTighe (2005). Envolve muito mais do que apenas acumular muita informação na cabeça; denota um apontar à profundidade, e não à quantidade.

Um exemplo claro são as aulas tradicionais de História. Os alunos até podem saber todas as datas importantes e os nomes associados a eventos históricos, mas todo esse conhecimento factual não garante a compreensão. Os alunos devem aprender a apreciar o significado desses eventos, a analisar as suas causas e consequências, relacioná-los com outros eventos históricos e justificar as suas afirmações.

ATIVIDADE
CONECTE-SE ao CONTEXTO

▸▸ Quando estreou em 2007, o programa dos Estados Unidos *Você é mais esperto que um aluno da quinta série?* rapidamente se tornou um sucesso. O público entusiasmava-se ao ver adultos, até profissionais, em apuros para responder a perguntas tiradas de livros didáticos de Ensino Fundamental e a pedir ajuda a alunos do 6º ano para responder.

Se pensarmos nisso, reparamos que muitos dos vencedores de competições acadêmicas (por exemplo, concursos televisivos de perguntas e respostas) "sabem muitas coisas" que não têm utilidade nenhuma na vida adulta.

Na coluna respectiva, elabore uma lista daquilo que o seu aluno deve ser capaz de fazer se "apenas sabe muitas coisas sobre algo" e se "tem uma compreensão mais profunda sobre algo":

APENAS SABE MUITAS COISAS	TEM UMA COMPREENSÃO MAIS PROFUNDA
É capaz de enumerar (pessoas, nomes etc.).	Sabe comparar e contrastar.

Adaptado de Wiggins e McTighe (2004)

> Volte à lista que você elaborou na página anterior. Que tipo de atividades educativas e tarefas você acredita serem necessárias para levar os alunos a aprofundar a compreensão, e não apenas para "saber muitas coisas"?
>
> Compreensão também implica aplicação ou transferência de aprendizagem. A sua lista na coluna de "compreensão mais profunda" inclui frases relacionadas com "ser capaz de aplicar"?

Na maioria das aulas a compreensão acontece por acidente: os professores "ensinam dizendo", e grande parte dos seus alunos pode, muitas vezes por pura sorte, chegar a algum *insight*. Como Wiggins e McTighe (2005) argumentam, este hábito de cobrir a matéria não facilita a compreensão entre os alunos. Os professores devem propositadamente procurar ajudar os alunos a "descobrir" os princípios e as ligações subjacentes aos conceitos e fatos que estão estudando. A melhor maneira de ajudar os alunos a compreender é ensinando-os a refletir.

Afinal de contas, os professores nunca são a causa direta da compreensão. Tudo o que podemos fazer é planejar as nossas aulas de forma a que os alunos tenham oportunidades e o apoio para se envolverem em tarefas que, esperamos, levem à compreensão.

A compreensão resulta do exercício de reflexão. Reflexão envolve um cuidadoso desmontar de ideias para apreciar os seus princípios subjacentes, bem como a capacidade de nos distanciarmos para ver como se relacionam com outras e qual o seu lugar na visão de conjunto. Esta é a razão pela qual a Aprendizagem Refrativa é guiada pela reflexão.

ATIVIDADE
CONVERSE com COLEGAS

▸▸ No seu clássico *Como Pensamos*, John Dewey (1997) fala sobre a necessidade de os educadores ensinarem os seus alunos a pensar. Abaixo apresentamos três passagens do livro que descrevem aquilo a que ele chama "pensamento reflexivo".

"Consideração ativa, persistente e cuidadosa de todas as convicções ou supostas formas de conhecimento à luz das bases nas quais se suportam, e as conclusões que daí se seguem, isso constitui pensamento reflexivo." (p. 6)

"A origem do pensar se encontra em uma perplexidade, confusão ou dúvida. Pensar não se dá como um caso de combustão espontânea... Algo deve provocá-lo ou evocá-lo." (p. 12)

"Pensamento reflexivo é sempre mais ou menos desconcertante porque implica vencer a inércia que nos inclina a aceitar qualquer sugestão sem questionar; ele envolve a decisão de suportar uma condição de inquietação agitação mental... Saber manter o estado de dúvida e proceder com uma investigação sistemática e demorada – estes são a essência do pensar." (p. 13)

> De qual das três passagens anteriores você mais gosta? Por quê?

Para Dewey, o pensamento reflexivo é provocado pelas seguintes condições:
- Uma questão estimulante ou problema intrigante;
- Um desafio à compreensão atual;
- Ambiguidade ou dúvida.

Em suma, é uma sensação de incerteza – uma questão ou problema que coloca um desafio ao nosso entendimento presente e que, por isso, provoca um questionamento que ativa a reflexão. Note que isto é contrário aos instintos dos nossos professores, que normalmente procuram tornar todo o conteúdo o mais claro possível para os alunos.

> Como professor, como você pode criar condições nas suas aulas para que provoquem reflexão e promovam compreensão? Discuta sobre isso com um colega.

> **Conexão Inaciana**
>
> "Neste nível de reflexão, a memória, o entendimento, a imaginação e os sentimentos são usados para capturar o sentido e o valor essencial do que se está estudando, para descobrir a sua relação com outros aspectos do conhecimento e atividade humana, e para ficar mais ciente das suas implicações na procura constante da verdade e da liberdade."
>
> "Usamos o termo reflexão para significar um repensar ponderado de alguma matéria de estudo, experiência, ideia, propósito, ou reação espontânea de modo a tomarmos mais plenamente posse do seu sentido. Assim, **reflexão é o processo pelo qual se traz à superfície o significado da experiência**" (*Pedagogia Inaciana*, 1993, #48-49).

Compreender, ao contrário do simples saber, implica ver o **significado** e o valor **daquilo** que aprendemos, **relacioná-lo** com outras ideias, e articular as suas **implicações**. Por isso, uma reflexão que aponta à compreensão tem estes quatro objetivos concretos: (a) significado, (b) valor, (c) conexões e (d) implicações.

Ensinar a refletir é cada vez mais importante hoje, num tempo em que somos inundados por quantidades massivas de informação que requerem uma revisão crítica e verificação de fatos.

Refletir não é simplesmente lembrar e reagir. Perguntas como: "O que aconteceu?", "O que impressionou você?" ou "O que isso o faz sentir?" convidam a lembrar e reagir. Talvez possam levar os pensadores mais maduros ou mais bem treinados a refletir, mas, uma vez que não podemos presumir que os nossos alunos sabem refletir bem, é melhor focarmo-nos mais deliberadamente no *insight* que esperamos que eles possam alcançar.

Três níveis de reflexão

Como podemos apoiar e guiar os nossos alunos, levando-os a praticar a reflexão?

Em Aprendizagem Refrativa há três tipos possíveis de reflexão que podem ser facilitados:
- ▶ **REFLEXÃO CONCEITUAL:** Refletir sobre conceitos e fatos, sobre como se podem relacionar e como podem ser organizados.

- ▶ **REFLEXÃO METACOGNITIVA:** Refletir sobre o processo de aprendizagem e sobre o tipo de pensamento que uma área de estudo requer ("Pensamento disciplinar").

- ▶ **REFLEXÃO PESSOAL:** Refletir sobre o valor, o significado e as implicações daquilo que aprendemos para a nossa vida e para o mundo.

TIPO DE REFLEXÃO	PERGUNTAS DE REFLEXÃO
CONCEITUAL	**O QUE aprendi?** Como se relacionam os fatos e conceitos entre si? Como funcionam em conjunto? Como se relacionam com outros tópicos e matérias que aprendi em outras disciplinas?
METACOGNITIVA	**COMO aprendi?** O que posso aprender com o processo de aprendizagem que experienciei? Em que formas de pensamento específicas desta disciplina me envolvi?
PESSOAL	**POR QUE aprendi?** Que importância tem isto para a minha vida? Que implicações o que aprendi tem para a minha vida?

Tabela 3.1: Três tipos de reflexão e perguntas

REFLEXÃO CONCEITUAL

Refletir sobre conceitos e fatos.

Neste nível básico de reflexão, os alunos respondem a estas perguntas:

- O que aprendi?
- Que relação têm os conceitos e fatos entre si?
- Como funcionam juntos?
- Como se relacionam com o que aprendi em outros tópicos e áreas de estudo?

Em reflexão conceitual, encontramos o sentido de um tópico e podemos relacioná-lo com outras ideias ou sistemas de ideias dentro dessa área de estudo e para além dela. Uma grande narrativa ou visão de conjunto emerge e é usada para organizar e dar sentido a novos conteúdos que os alunos aprendem.

Sem esse nível de reflexão fundamental, os alunos serão incapazes de estabelecer ligações e de organizar aquilo que sabem. Assim, haverá pouca compreensão.

Eis alguns exemplos de reflexão conceitual:

- "Geografia de um Lápis" é uma lição para alunos do 4º ao 8º ano que se encontra no *website* da *National Geographic*, na qual os alunos aprendem o conceito de interdependência econômica e interconexão global seguindo a viagem que um lápis faz desde sua origem até as mãos do consumidor. Os alunos não só criam mapas de comércio e de redes de transporte, como também exploram os diferentes fatores que afetam o comércio global. Através da sua investigação sobre de que são feitos os lápis e de onde vêm esses materiais, os alunos vão provavelmente encontrar importantes elos, padrões e implicações dos conceitos relacionados com a economia global (O'Connor, s.d.).

- Como boa conclusão para uma aula de Ciências sobre ecossistemas, um professor pede aos seus alunos que cheguem a um consenso sobre esta questão: "As espécies sobrevivem mais graças à competição ou à cooperação?". A sua resposta vai permitir-lhes chegar a ligações explícitas entre conceitos como cadeias alimentares, tipos de consumo (herbívoros, carnívoros, omnívoros, detritívoros), hábitat, e nicho ecológico (o papel de um organismo dentro do ecossistema).

- Depois de uma aula de Geografia sobre diferentes massas de água no seu país, os alunos são desafiados a formular uma resposta e a justificá-la com provas: "As massas de água separam ou unem cidades e aldeias?".

O objetivo da reflexão conceitual é aprofundar a compreensão do conteúdo para que o aluno descubra as relações entre conceitos e fatos.

REFLEXÃO METACOGNITIVA

Refletir sobre o processo de aprendizagem e de pensamento

Os professores encorajam a reflexão metacognitiva convidando os alunos a dar um passo atrás e a formularem *insights* sobre o modo específico de aprender e pensar de uma determinada disciplina. Os alunos recordam e examinam as suas experiências de aprendizagem pessoais, refletindo sobre estas questões:

- Como aprendi?

- O que o processo de aprendizagem que experienciei pode me ensinar? O que me ajudou a aprender? O que me dificultou a aprendizagem?

- Que formas de pensamento exclusivas desta disciplina eu utilizei?

- O que a minha experiência me diz sobre esta disciplina e sobre a aprendizagem em geral?

Eis algumas formas de envolver os alunos em reflexão metacognitiva:

- Numa aula de Matemática sobre soma de números com três dígitos e sobre o conceito de valor posicional, pede-se aos alunos que façam a soma de 287 + 654 de tantas formas quantas for possível e que expliquem as diferentes estratégias que usaram. Os alunos são encorajados a inventar as próprias estratégias e a avaliar a eficácia delas. Depois, o professor leva os alunos a refletir a respeito daquilo que aprenderam sobre a soma e a Matemática em geral.

- Após um teste de Ciências, pede-se aos alunos que examinem os seus erros, que conversem com os colegas sobre as razões pelas quais as suas respostas foram marcadas como incorretas e que explorem formas de corrigi-las. Também se pode pedir aos alunos que reflitam sobre a sua experiência de aprendizagem em geral identificando uma parte do teste que tenham respondido corretamente e um aspecto no qual precisam melhorar (por exemplo, um tópico particular, ou até um hábito de estudo ou atitude).

- Após uma unidade temática, é dada aos alunos a seguinte questão: "Como reagi ao fracasso?" ou "O que faço quando estou bloqueado ao tentar aprender um conteúdo novo?".

A reflexão metacognitiva deve levar o aluno a uma maior apreciação do seu processo de aprendizagem e do pensamento disciplinar específico dessa matéria de estudo. Através dos seus *insights* metacognitivos, os alunos aprendem sobre o próprio modo de aprender, bem como sobre o tipo de conhecimento e pensamento que define uma disciplina específica.

REFLEXÃO PESSOAL

Refletir sobre a vida e o mundo

Pede-se aos alunos que relacionem o que aprenderam nas aulas com o seu dia a dia de modo a encontrar relevância, significado ou valor, e especialmente as implicações para a vida e para o mundo.

Eis alguns exemplos de tarefas para levar os alunos a uma reflexão pessoal:

- No final da lição, o professor encoraja os alunos a fazerem mais perguntas sobre esse tópico e pede que expliquem por que essas perguntas despertam sua curiosidade.

- Após uma aula de Ciências sobre a teoria da evolução de Darwin, pede-se aos alunos que discutam que implicações essa teoria pode ter para o seu modo de entender a vida e para as suas crenças religiosas: por exemplo, a sua crença num Criador, no livro do Gênesis etc.

▶ Durante uma aula sobre o discurso de Shylock na obra *O Mercador de Veneza* de Shakespeare (III.49-61), o professor pode levantar as seguintes questões para provocar a reflexão pessoal: "Você conhece alguém (pode até ser você mesmo) que tenha estado sujeito a uma forma de opressão (ou *bullying*) semelhante à de Shylock? Você seria tentado, assim como Shylock, a exceder o mal que lhe tinha sido feito? Explique sua resposta".

Enquanto a reflexão conceitual tem por objetivo aprofundar a compreensão de conteúdo e a reflexão metacognitiva procura uma maior apreciação da própria aprendizagem e do pensamento disciplinar, a reflexão pessoal centra-se nas implicações daquilo que foi aprendido para a nossa vida.

Conexão Inaciana

Os exemplos de reflexão dados em *Pedagogia Inaciana* (1993, #50-54) incluem os três tipos de reflexão explicados anteriormente.

(a) Através de uma compreensão mais clara da verdade do que está sendo estudado. Por exemplo: Quais são as suposições nesta teoria do átomo, nesta apresentação sobre a história dos povos nativos, nesta análise estatística? São válidas? São justas? Haverá outras suposições possíveis? Que mudanças aconteceriam na apresentação se fossem feitas outras suposições? (reflexão conceitual)

(b) Através da compreensão das fontes das sensações ou reações que experimento nesta consideração. Por exemplo: Ao estudar este conto curto, o que é que me interessa particularmente? Por quê? O que me desafia ou perturba nesta tradução? Por quê? (reflexão metacognitiva)

(c) Através do aprofundamento da compreensão das implicações daquilo que descobri sobre mim e sobre os outros. Por exemplo: Que efeitos prováveis os esforços ambientais de redução do efeito estufa terão na minha vida, na dos meus amigos e na das pessoas em países mais pobres? (reflexão pessoal)

(d) Através dos *insights* a que se chega sobre os eventos, ideias, verdade ou distorção da verdade. Por exemplo: A maioria das pessoas pensa que uma distribuição mais equitativa dos recursos do mundo é, no mínimo, desejável, senão até um imperativo moral. O meu estilo de vida e aquilo que considero normal podem contribuir para os desequilíbrios presentes. Estou disposto a reconsiderar aquilo de que realmente preciso para ser feliz? (reflexão pessoal)

(e) Quando alcanço a compreensão de quem sou (aquilo que me move, e por que) e quem deveria ser eu em relação aos outros. Por exemplo: Como me influencia a questão sobre a qual reflito? Por quê? Estou em paz com a minha reação? Por quê? Se não, por que não? (reflexão metacognitiva)

Aprender através da ação

"Hoje em dia, o conhecimento é ubíquo, em constante mudança, em exponencial crescimento... Hoje o conhecimento é grátis. É como o ar, é como a água. Tornou-se um bem essencial... Saber mais do que a pessoa ao nosso lado não nos dá nenhuma vantagem competitiva. O mundo não quer saber o quanto você sabe. O que importa ao mundo é o que pode fazer com aquilo que sabe."
– Tony Wagner (2012)

Não basta aos professores ensinar para uma compreensão mais profunda, também é necessário guiar os alunos na aplicação daquilo que aprenderam – transferir o seu conhecimento e usá-lo em situações do mundo real. Um dos objetivos essenciais da educação, afinal de contas, é desenvolver no estudante o potencial para poder dar uma contribuição positiva à comunidade e à sociedade. É esta a ação que apontamos. Ação refere-se "ao crescimento interior humano com base na experiência sobre a qual se refletiu, bem como nas suas manifestações exteriores", de forma a construir um mundo de justiça, amor e paz (*Pedagogia Inaciana*, #16, #62).

Por isso, a Aprendizagem Refrativa não só é guiada por reflexão, mas também é orientada à ação.

Enfrentamos um futuro complexo e em grande medida incerto. A geração atual de estudantes vai enfrentar problemas complexos, tais como alterações climáticas, ameaças terroristas e ataques cibernéticos. Como podemos ajudá-los a se preparar para o futuro de forma a poderem usar o que aprenderam na escola para enfrentar esses problemas?

Se esperamos que os alunos depois de formados saibam responder a esses desafios de longo prazo, devemos dar-lhes oportunidade de aplicar *já* aquilo que aprenderam.

A aprendizagem refrativa propõe um tipo de educação que vai preparar os alunos formados para responder a desafios futuros de grande complexidade e impacto. Já vimos a importância de passar da exposição dos conteúdos de um currículo para a descoberta de sentido e aprofundamento da compreensão. Agora também devemos mudar os objetivos, deixando de apenas dominar os conteúdos em si mesmos, passando então a usá-los eficaz e estrategicamente no mundo real, para além da sala de aula.

> **Conexão Inaciana**
>
> Inicialmente, os jesuítas não tinham a intenção de fundar escolas, mas mudaram de ideia quando viram o potencial que as escolas têm para fazer a diferença na sociedade e na vida de muitos. Dentre as características que definem uma escola jesuítica, podemos citar
>
> (a) A convicção de que a fé cristã não é completa se não manifestar compaixão pelos pobres e trabalhar pela sua causa diante da injustiça social ("**a fé que faz justiça**") (#74-81);
>
> (b) A formação dos alunos para serem "**homens e mulheres para os outros**" – alunos formados que servirão como "agentes de mudança", usando a educação jesuítica para ajudar outros e fazer do mundo um lugar melhor e mais justo (*Características da Educação Jesuítica*, 1986, #82-84).
>
> O *Paradigma Pedagógico Inaciano* (1993) centra-se na importância da ação como o objetivo da educação jesuítica:
>
> > "O objetivo final da educação jesuítica é... aquele crescimento completo da pessoa que conduz à ação – **ação** que está cheia do espírito e presença de Jesus Cristo, o Filho de Deus, o Homem-para-os-outros. Esse objetivo de ação, baseado numa sólida compreensão e animado pela contemplação, impele os alunos à autodisciplina e à iniciativa, à integridade e à precisão. Ao mesmo tempo, condena formas de pensar negligentes ou indignas do indivíduo e, mais importante, perigosas para o mundo no qual ele ou ela são chamados a servir" (#12).
>
> A educação jesuítica tem indispensavelmente uma orientação à ação para a qual os alunos devem ser preparados durante a sua educação.

Três mudanças no aprender através da ação

Há três mudanças que podemos considerar no que diz respeito à aprendizagem para a ação:

- Do "aplicar depois" ao "aplicar agora"
- De aplicação "fora de contexto" a aplicação "em contexto"
- De desempenhos simples a desempenhos complexos

Do "aplicar depois" ao "aplicar agora"

Nenhum professor discorda quando dizemos que é importante que o que os alunos aprendem na sala de aula seja aplicável ao mundo real. No entanto, muito professores têm tendência a pensar que não precisam preocupar-se com isso, uma vez que o tempo e lugar dessa aplicação estão num futuro distante. Talvez pensem que os únicos tipos de aplicação da aprendizagem que podem oferecer aos seus alunos durante o estudo de uma unidade temática são aqueles fáceis de observar e corrigir.

Normalmente, a transferência de aprendizagem é algo ao qual os professores não dão prioridade quando planejam as suas aulas. Costumam estar mais preocupados com o objetivo de conseguir cobrir toda a matéria exigida. A aplicação torna-se secundária. No entanto, o problema com deixar a aplicação para depois é que muito provavelmente ela acaba por não acontecer devido a limitações de tempo.

Para a aprendizagem ser refrativa, os alunos precisam ter oportunidades para aplicar aquilo que aprenderam de forma comparável a situações do mundo real durante essa unidade temática, e não depois dela. Essa mudança não será fácil e precisamos de tempo até estarmos habituados a ela: planejar esse tipo de aplicação requererá maior esforço por parte do professor, bem como mais tempo para levá-la a cabo. Pode ser mais difícil de avaliar e dar notas. Pode haver várias formas de dar resposta, e concluir estas tarefas pode requerer tipos de pensamento de nível superior.

Mas vale a pena, porque esta é a chave para preparar os alunos para enfrentarem o futuro incerto e complexo que os espera após concluírem os seus cursos.

Conexão Inaciana

O elemento da ação na pedagogia inaciana enfatiza tanto a transformação interior dos alunos que se espera que acompanhe a aprendizagem, como as decisões a longo prazo que eles farão na vida resultantes dessa transformação. Espera-se que os alunos façam "escolhas interiorizadas" que depois se manifestem exteriormente.

Os significados apreendidos e julgados apresentam certas escolhas a fazer. Tais escolhas podem ocorrer quando uma pessoa decide que uma verdade será o seu ponto de referência pessoal, atitude ou predisposição que virá a afetar um grande número de decisões. Podem assumir a forma de uma clarificação gradual das suas prioridades. É neste momento que o aluno escolhe tornar a verdade como algo seu e ao mesmo tempo permanecer aberto a ir aonde a verdade conduzir (escolhas interiorizadas)... Com o tempo, esses significados, atitudes, valores que foram interiorizados, passam a fazer parte da pessoa e impelem o aluno a agir, a fazer algo consistente com a sua nova convicção (escolhas manifestadas exteriormente) *Pedagogia Inaciana*, 1993, #62).

A tendência a ignorar esta orientação à ação acontece precisamente porque ação se refere a uma decisão interna com manifestações a longo prazo. Se é interior e a longo prazo, como podemos avaliá-la? Para que a aprendizagem seja verdadeiramente orientada à ação, a aplicação a longo prazo no mundo daquilo que foi aprendido deve, na medida do possível, ser avaliada agora, não depois.

De aplicação da aprendizagem "fora de contexto" a aplicação "em contexto"

A forma como a maioria dos professores ensinou os seus alunos pode ser caracterizada como ensino "fora de contexto". Por exemplo, ao ensinar uma língua estrangeira, esperamos que os alunos adquiram vocabulário e dominem as regras da gramática, e o modo como os fazemos "aplicar" o que aprenderam é geralmente através de testes e exercícios "fora de contexto".

Apesar de esses exercícios e testes terem o seu lugar e valor, eles não podem ser as únicas oportunidades que damos aos alunos de aplicar o conhecimento e as capacidades que adquiriram. De outro modo, podem descobrir que sofrem de amnésia acadêmica, sendo capazes de definir palavras e conjugar verbos no teste, mas se esquecendo de quase tudo em algumas semanas... ou dias!

Podem também experienciar constipação intelectual porque, apensar de terem realizado todos os testes com boas notas, são incapazes de manter uma simples conversa em outra língua quando viajam para fora do país. Não são capazes de aplicar o que aprenderam para além de exercícios e testes. A razão desta limitada transferência de aprendizagem é o fato de que foram ensinados "fora de contexto".

A transferência de aprendizagem envolve "o uso prudente de conteúdos em contexto" (Wiggins, 2005). "Uso prudente de conteúdos em contexto" significa que somos capazes de usar o que aprendemos de uma forma que é apropriada a uma situação específica no mundo real. Uma vez que as situações no mundo real tendem a ser novas, complexas ou ambíguas, a aplicação da aprendizagem requer atenção deliberada e cuidadosa ao propósito e à estratégia.

Ação bem-sucedida – ou transferência de aprendizagem – exige que ofereçamos aos alunos numerosas oportunidades de praticar o uso do conhecimento a capacidades adquiridas na aula diante desses contextos novos, complexos e ambíguos. É a isto que nos referimos quando falamos em aprendizagem "em contexto". Alunos de mandarim, por exemplo, devem ter oportunidade de ter conversas reais em situações da vida real nas quais as pessoas com quem vão falar podem não perceber o seu sotaque. Como é que se vão fazer entender nessa situação?

Essas situações do mundo real são preciosas para a aprendizagem e para que os alunos sejam capazes de aplicar o que aprenderam. Por exemplo, na sala de aula os alunos não são encorajados ou incentivados a falarem mandarim de forma incorreta ou cheia de erros, apesar de isso ser um passo necessário para se tornarem fluentes. Os alunos perdem essas oportunidades de aprendizagem porque se falassem em mandarim de forma entrecortada, ou incorreta, seriam reprovados!

Testes fora de contexto podem ser fáceis de corrigir, mas não preparam os alunos para uma ação bem-sucedida no mundo real. A Tabela 3.2 sintetiza as características das aplicações fora de contexto e das aplicações em contexto:

Aplicação fora de contexto	Aplicação em contexto
Rotina de exercícios e testes.	Problemas do mundo real com toda a sua complexidade.
Tarefas simplificadas que requerem o uso de conceitos isolados e competências simples.	Tarefas complexas que requerem capacidade de julgar quais dos conhecimentos e capacidades usar dentre um repertório mais vasto (possivelmente até de outras disciplinas).
Perguntas claras e bem definidas (preparadas de forma pouco realista e acompanhadas de pistas e ferramentas ou equações estipuladas).	Problemas/desafios mal estruturados (com ajuda muito reduzida e até dados incompletos ou contraditórios).

Tabela 3.2: Dois tipos de aplicação

Ao serem capazes de usar o que aprenderam de forma prática, os alunos começam a apreciar mais a sua aprendizagem. Além disso, no próprio ato de aplicar o que aprenderam, os alunos ganham uma compreensão mais profunda do conteúdo. Aprendemos à medida que usamos conteúdos e os aplicamos para além do teste. Dito de outro modo, aplicar o que aprendemos permite-nos aprender mais sobre a matéria.

Alguns exemplos de avaliações em contexto

Numa aula de Inglês do 5º ano sobre escrita persuasiva, em vez de avaliar o domínio que os alunos têm da gramática através dos habituais testes fora de contexto, é pedido aos alunos que planejem e lancem uma campanha para fomentar uma cultura mais inclusiva e positiva na escola.

Um grupo opta por fazer uma campanha nas redes sociais. Outro decide criam uma plataforma de apoio em que os alunos escrevem mensagens para aqueles que possam estar sofrendo de ansiedade, depressão ou estresse.

Independentemente da sua campanha, o modo como os alunos fazem um uso apropriado das estruturas gramaticais é avaliado, uma vez que este é o foco da unidade temática. Para além disso, a aplicação da aprendizagem acontece num contexto de mundo real, no qual não existe uma só abordagem "certa" ao problema.

Os alunos são encorajados a ser criativos e eficazes no seu uso daquilo que aprenderam, dado o seu propósito no mundo real. Têm que exercitar a capacidade de julgar as diferentes formas de usar linguagem correta e persuasivamente para atingir o seu objetivo.

Um professor de Matemática e um de Ciências colaboram no planejamento de uma avaliação "em contexto" para testar a compreensão que os alunos têm sobre conceitos matemáticos como perímetro, área e volume, e também as diferentes categorias científicas de catástrofes naturais. Os alunos não só são testados sobre esses conceitos, mas também lhes é pedido que demonstrem a sua compreensão aplicando-a "ao contexto" de projetar uma pequena casa móvel que possa ser usada por famílias desalojadas por catástrofes naturais.

ATIVIDADE
VERIFIQUE a sua COMPREENSÃO

▸▸ Usando a Tabela 3.2, determine se os exemplos abaixo são aplicações de aprendizagem "em contexto" ou "fora de contexto". Explique.

1. Para avaliar a sua aprendizagem acerca do ciclo de vida de uma borboleta, é pedido aos alunos que produzam um documentário representando as fases do ciclo da vida das borboletas.

☐ Em contexto
☐ Fora de contexto

Explique:

2. Após completarem uma unidade temática sobre perímetro, área, volume e ângulos, os alunos criam o plano para uma estante que pode caber bem num determinado espaço da sua sala. Devem incluir uma imagem da sua sala e fornecer as suas dimensões. Também têm que explicar quantos livros (ou outros objetos) pretendem que caibam na estante.

☐ Em contexto
☐ Fora de contexto

Explique:

Respostas:
1. Fora de contexto. A produção de um documentário pode requerer que os alunos explorem estratégias e façam juízos de valor sobre que conhecimento e capacidades de produção de vídeo utilizar. No entanto, identificar e descrever as fases do ciclo de vida das borboletas não são tarefas complexas que requerem decisões estratégicas. Na verdade, esta não é uma forma de avaliação válida, já que os alunos podem até ter compreendido totalmente a matéria e ainda assim acabar tendo problemas relacionados com a produção de vídeo.
2. Em contexto. Esta tarefa envolve várias decisões estratégicas, por exemplo: Qual cabe melhor na sala, uma estante alta, estreita ou curta? De quanto espaço de prateleira precisamos? Quais as dimensões da estante e em que parte da sala devemos instalá-la?

> **Erro comum**
>
> Devemos evitar completamente formas de avaliação com uma única resposta correta que não tenham relação com contextos do mundo real. Apenas devem ser usadas avaliações "em contexto".
>
> O tipo de avaliação apropriada depende daquilo que o professor está tentando avaliar. Por exemplo, os alunos ainda precisam praticar como aplicar fórmulas matemáticas.
>
> Para verificar o domínio que os alunos têm dessas fórmulas, eles precisam de exercícios (por exemplo, avaliações "fora de contexto"). No entanto, os professores precisam ter um repertório suficientemente vasto que inclua formas de avaliação capazes de determinar se os alunos são ou não capazes de aplicar essas fórmulas numa situação particular do mundo real. Para esse propósito, desafios "em contexto" são mais apropriados.

De desempenhos simples a desempenhos complexos

A ação à qual a aprendizagem refrativa aponta deve ser concebida de forma a preparar os alunos para fazerem a diferença no mundo real com conhecimento e competências que terão valor para eles, a comunidade e a sociedade. Por essa razão, ao passo que as aplicações de aprendizagem pretendidas provavelmente só se tornarão evidentes quando forem necessárias no futuro, o professor já deve planejar tarefas – mesmo quando a unidade temática ainda está ocorrendo – que exijam que os alunos sejam capazes de aplicar o aprendido a situações do mundo real.

Que tipo de ação devemos exigir de nossos alunos?

Já vimos que essas aplicações devem consistir em tarefas "em contexto" que reflitam a ambiguidade e complexidade dos problemas do mundo real. Para isto, devemos identificar os desempenhos e feitos-chave que os profissionais da disciplina deveriam ser capazes de dominar, bem como os desempenhos e feitos que são esperados de cidadãos produtivos.

Voltando ao nosso exemplo anterior: "O que deve um aluno de língua chinesa ser capaz de fazer se viajar à China e precisar se comunicar com as pessoas de lá?".

Para imitar esses contextos de mundo real, os desempenhos que são pedidos aos alunos precisam ser tarefas complexas, ambíguas e "confusas", e não apenas simples ou de nível básico.

Quando planejam as suas avaliações, alguns professores classificam-nas não conforme a complexidade da tarefa, mas de acordo com o quão fácil ou difícil a matéria é (Wiggins, 1998). Raramente pensam nas suas avaliações de acordo com a complexidade das tarefas que são pedidas aos alunos (ver Diagrama 3.1).

```
              DESEMPENHO COMPLEXO
                        ↑
                   3    |    4
   MATÉRIA              |              MATÉRIA
   DE ESTUDO  ←─────────┼─────────→   DE ESTUDO
   FÁCIL              1 |  2           DIFÍCIL
                        |
                        ↓
              DESEMPENHO SIMPLES
```

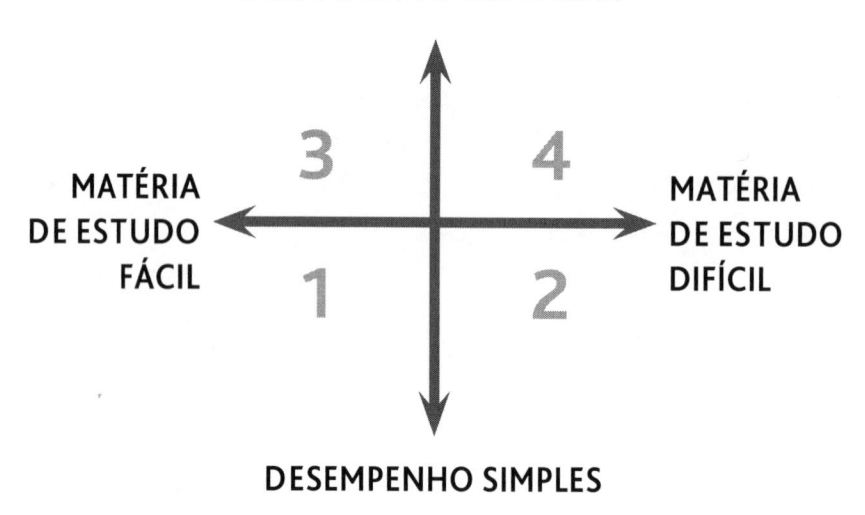

Diagrama 3.1: Matéria de estudo fácil/difícil a desempenhos simples/complexos

Se examinarmos as nossas avaliações, quer lidem com matérias de estudo difíceis, quer fáceis, veremos que quase sempre envolvem desempenhos simples (quadrantes 1 e 2). Poucas avaliações são planejadas de modo a exigir desempenhos "em contexto" e, por isso, complexos (quadrantes 3 e 4).

ATIVIDADE
VERIFIQUE a sua COMPREENSÃO

▶▶ Classifique as seguintes formas de avaliação localizando-as na matriz acima:

☐ Enumere as partes de uma célula viva.

☐ Em que situações é melhor usar média, mediana e modo para representar a tendência dominante?

☐ Escreva um parágrafo utilizando as vozes ativa e passiva.

☐ Como a geografia de uma cidade afeta a sua cultura e economia? Dê um exemplo.

Respostas: 1 (Fácil/Simples); 3 (Fácil/Complexo); 2 (Difícil/Simples); 4 (Difícil/Complexo)

A maioria das avaliações tradicionais requer aplicar fora de contexto os conhecimentos aprendidos e, em consequência, envolve desempenhos simples (normalmente, trata-se de recordar). Muitas vezes, essas avaliações requerem apenas conhecimentos e competências distintas e isoladas, e as tarefas são irrealistas e apresentadas com pistas de forma que toda a informação relevante para se chegar à resposta certa é convenientemente oferecida (por exemplo, as ferramentas ou equações são indicadas, e tudo o que alunos têm que fazer é apenas completar os espaços em branco ou inserir os valores em falta nas fórmulas já disponíveis).

Mas esses casos são raros na vida real. Precisamos planejar exercícios de avaliação que envolvam desempenhos mais complexos (quadrantes 3 ou 4). Idealmente, o problema proposto aos alunos deve refletir as situações caóticas do mundo real, com informações incompletas ou mesmo contraditórias, e desafiá-los a usar a sua compreensão para tomar decisões sobre quais dos conhecimentos e competências variados utilizar para melhor resolver o problema. Dito de outra forma, para que a aprendizagem refrativa seja verdadeiramente orientada à ação, o modo como pedimos aos nossos alunos que usem os conteúdos que aprenderam, sejam eles fáceis, sejam eles difíceis, deve ser "em contexto".

ATIVIDADE
CONECTE-SE ao CONTEXTO

Relembre uma unidade temática que você tenha ensinado. Faça uma lista de todas as oportunidades que você deu aos seus alunos para aplicar aquilo que aprenderam. As oportunidades que você lhes forneceu foram adequadas para aplicações em contexto? (Consulte a Tabela 3.2 para determinar se essas oportunidades foram realmente aplicações em contexto.) Essas aplicações envolveram desempenhos complexos ou apenas simples?

Ensinar para a reflexão e ação

Compreender é uma condição necessária para poder haver aplicação de aprendizagem. Sem uma compreensão que resulta de reflexão, não podemos usar aquilo que aprendemos de forma sábia, correta e flexível em diversos contextos.

No entanto, não é suficiente que os professores ensinem deliberadamente para a compreensão inserindo reflexão no plano das suas aulas; devem também ter a intenção de ensinar para a ação. Para que os alunos se envolvam em aprendizagem refrativa, os professores não podem simplesmente "ensinar dizendo". Devem ensinar tanto para a reflexão como para a ação.

Para garantir isto, os objetivos de aprendizagem de uma unidade temática devem identificar explicitamente o tipo de compreensão e aplicação a atingir – domínio de um conhecimento ou competência específica, compreensão mais profunda de conceitos e/ou aplicação a situações do mundo real. Só assim os professores podem ser intencionais sobre quando precisam ensinar dizendo e quando precisam ensinar para a reflexão e ação.

ATIVIDADE
CONVERSE com COLEGAS

» Avalie a forma como você tem ensinado. Na sua opinião, que percentagem de atividades e avaliações da sua unidade temática são o suficiente para ensinar para a reflexão e ação, e que percentagem consistiu em ensinar dizendo?

Responda à pergunta fazendo a divisão apropriada e rotulando-a no gráfico circular abaixo. Justifique as suas afirmações.

Legenda:

ERA: Ensinar para Reflexão e Ação
ED: Ensinar Dizendo

ATIVIDADE
ASSUMA um PEQUENO DESAFIO

Alguns professores, em suas aulas, distribuem antecipadamente a informação sobre todo o conhecimento e competências que sentem que os alunos vão precisar antes de eles aplicarem aquilo que aprenderam. Há também uma tendência para dar aos alunos simples exercícios de aplicação "fora de contexto" sobre a matéria ensinada nas aulas.

Alguma vez você pensou em começar uma lição pedindo aos alunos que trabalhem numa aplicação complexa? Encoraje os alunos a lidar com o problema e a explorar soluções possíveis antes de lhes dar instrução.

Por exemplo, imagine iniciar uma aula de Ciências sobre "adaptações animais" formando pequenos grupos e designando um hábitat para cada grupo. Depois, proponha o seguinte desafio aos alunos: "Vocês são cientistas estudando a sobrevivência de uma espécie misteriosa recentemente descoberta. Identifiquem as características necessárias à sobrevivência dessa espécie no hábitat designado para o seu grupo". Só depois de cada grupo apresentar os resultados da discussão, e partindo deles, é que o professor explica a matéria sobre adaptação animal.

Reveja o planejamento de uma matéria que tenha ensinado.
Como esse tipo de abordagem pode melhorar a reflexão e ação dos alunos?

PARTE 2 PLANEJAR A APRENDIZAGEM

Como planejamos a APRENDIZAGEM REFRATIVA?

Como criamos um ambiente educativo no qual o aluno assume o papel central como investigador, construtor de sentido e criador, enquanto o professor desempenha a importante papel – mas apenas de apoio – de *designer*, facilitador e treinador?

Estas são cinco questões básicas que devemos considerar quando planejamos a aprendizagem. Note como estas perguntas de planejamento correspondem aos cinco elementos da APRENDIZAGEM REFRATIVA.

PERGUNTAS DE PLANEJAMENTO	ELEMENTOS DA APRENDIZAGEM REFRATIVA	
Que conhecimentos prévios são necessários para que os alunos atinjam os objetivos da aula? Qual o estado de ânimo dominante e quais são alguns dos seus interesses comuns que podem ser usados como impulsionadores para que os alunos resolvam as questões propostas?	**CONTEXTO** DO ALUNO E DO PROFESSOR	O que o professor e os alunos trazem de seus mundos (acadêmico, social, pessoal) para a aula?
Que *insights* queremos que os alunos ganhem através desta unidade temática?	**REFLEXÃO** DO ALUNO	Como os alunos são orientados a construir significados e a cultivar conhecimentos por meio de questões de reflexão formuladas de maneira estratégica?
Como podemos guiar os alunos a aplicar o que aprenderam em contextos do mundo real?	**AÇÃO** DO ALUNO	O que os alunos têm de fazer durante ou depois da unidade para demonstrar sua compreensão e aplicar o que aprenderam?
Que tipo de ambiente e experiências educativas pode o professor planejar para facilitar a aprendizagem?	**EXPERIÊNCIA** E AMBIENTE DE APRENDIZAGEM	O que os alunos devem experienciar em sala de aula, e em que tipos de espaço de aprendizagem, para que isso resulte em engajamento e aprendizado?
Como podemos melhorar o planejamento de aprendizagem desta unidade temática?	**AVALIAÇÃO** DO ALUNO E DO PROFESSOR	Como o professor e os alunos monitoram o processo de aprendizagem a fim de que este seja melhorado?

Tabela 4.1: Questões para planejamento da Aprendizagem Refrativa

O processo de planejamento da Aprendizagem Refrativa é distinto do processo usual.

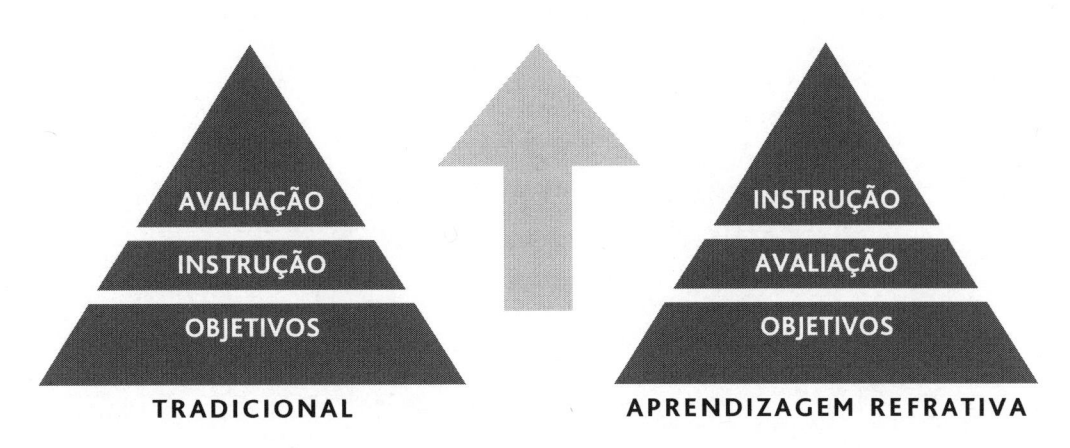

Diagrama 4.1: Processo de planejamento da aprendizagem tradicional e da Refrativa

Tradicionalmente, o processo de planejamento de uma unidade temática ou lição começa com a articulação dos objetivos de aprendizagem, seguidos de instrução e depois avaliação. O processo de planejamento que a aprendizagem refrativa propõe segue aquilo a que se chama "*Design* de trás para a frente" (Ozar, 1995; Wiggins; McTighe, 2005): Os professores começam por identificar os objetivos de aprendizagem desejados. Uma vez que aprendizagem refrativa é guiada por reflexão e orientada à ação, esses objetivos incluem os *insights* desejados e as aplicações de aprendizagem previstas que os professores querem dos seus alunos. Depois, *antes* de planejar a instrução, os professores pensam sobre a avaliação.

Há duas razões em favor de planejar a avaliação antes da instrução. Em primeiro lugar, a forma como avaliamos operacionaliza os objetivos de aprendizagem, isto é, ela torna mais clara para nós e para os alunos o que significam os objetivos de aprendizagem e o que envolvem. Queremos que os alunos sejam capazes de identificar uma frase sobre o tópico num parágrafo, ou queremos que sejam capazes de escrever eficazmente uma frase sobre o tópico? Planejar uma avaliação força-nos a definir aquilo de que queremos provas, isto é, quais objetivos de aprendizagem específicos queremos avaliar.

Em segundo lugar, como é óbvio, a forma como avaliamos deve afetar a maneira como planejamos a instrução. O que avaliamos deve definir o que e como ensinamos. Na verdade, precisamos "ensinar para o teste" – com a ressalva de que o nosso teste deve incluir não apenas competências intelectuais básicas tais como recordar, mas também competências de pensamento de nível alto.

CAPÍTULO 4

CRIAR EMPATIA ATRAVÉS DO CONTEXTO

No início de cada ano escolar, os professores encontram-se com um novo grupo de alunos que são entregues ao seu cuidado durante esse ano. Eles são responsáveis não só por assegurar que os alunos aprendam, mas também por promover o seu bem-estar e crescimento pessoal. Para serem capazes disto, precisam desenvolver **Empatia** pelos alunos.

Empatia exige um esforço para conhecer pessoalmente os alunos, e dar tempo para ouvir as suas histórias. Empatia também requer um esforço constante de aceitação dos alunos com os seus pontos fortes e fracos, e reconhecer o potencial de cada um – muitas vezes até antes de eles o reconhecerem em si mesmos.

Só encontrando os alunos como são e cuidando deles pessoalmente é que o professor pode ser mais eficaz no seu planejamento, juntamente com os alunos, de um caminho de aprendizagem e desenvolvimento que seja entusiasmante e produtivo.

A empatia é essencial para um processo educativo produtivo. Professores capazes de aceitar os seus alunos sem os julgar e de se colocar no lugar deles conseguem procurar formas de os apoiar, de os ajudar a não perderem a motivação e de construírem a sua autoestima. Os professores comunicam-se e conectam-se melhor com os seus alunos quando usam estratégias de empatia tais como parafrasear os comentários da turma e assegurar-se através de perguntas de que compreenderam o que os alunos queriam dizer (por exemplo, "Se percebi bem, você disse..., Era isto que queria dizer?").

Estudos sobre como o cérebro aprende confirmam a importância de manifestar cuidado individual pelo aluno. As emoções e a motivação são os dois garantidores da aprendizagem. Medo, ansiedade e estresse inibem a aprendizagem.

Em contrapartida, a empatia ajuda os alunos a aprender (Townsend, 2013), e aqueles que recebem empatia quando ainda muito novos desenvolvem uma maior capacidade de aprendizagem (Briggs, 2014). Assim, os professores que são atentos às motivações e convicções dos seus alunos, que são sensíveis aos sentimentos deles, serão mais capazes de organizar o processo de aprendizagem (Groff, 2012).

Contexto do aluno

A empatia é um ingrediente básico na relação entre professor e aluno. Sem empatia e a relação que ela cria, o professor é menos eficaz na promoção de aprendizagem.

O primeiro pré-requisito para o planejamento da aprendizagem é conhecer os alunos, o que eles já sabem sobre a matéria, e o estado emocional em que se encontram.

No capítulo anterior falamos sobre a importância de dar aos alunos oportunidades para aplicarem o que aprenderam *no contexto do mundo real*, mas um bom professor também deve considerar o *contexto dos alunos*. No entanto, conhecer o **contexto** dos nossos alunos é fundamental não só para a empatia, mas também para seu envolvimento. Só quando conhecemos as preocupações e os interesses dos nossos alunos podemos planejar experiências da sala de aula que os motivem.

Estas são três questões que podem ajudar o professor a articular o contexto dos alunos antes de iniciar o trabalho de planejar a aprendizagem:

a) **Que conhecimentos prévios os alunos têm sobre este tema?**
   Que ideias erradas ou confusões é necessário abordar?

b) **Como se sentem os alunos ultimamente?**
   Há algum evento recente ou futuro que possa estar afetando o modo como estão se sentindo?

c) **O que poderia despertar sua curiosidade por este tema?**

Conexão Inaciana

Uma das características que definem a educação Jesuítica é a *Cura Personalis*, que significa um conhecimento pessoal e um cuidado personalizado por cada aluno.

"Os professores e equipes diretivas, tanto jesuítas como leigos, são mais do que guias acadêmicos. Eles envolvem-se na vida dos alunos, assumem um interesse pessoal pelo desenvolvimento intelectual, afetivo, moral e espiritual de cada aluno, ajudando-o a desenvolver autoestima e a tornar-se um indivíduo responsável na comunidade. Eles respeitam a privacidade dos seus alunos, mas estão disponíveis para ouvi-los sobre suas preocupações e receios a respeito do sentido da vida, para partilhar as suas alegrias e tristezas, para ajudá-los no seu crescimento pessoal e nas suas relações interpessoais. Dessas e de outras formas, os membros adultos da comunidade educativa guiam os alunos no desenvolvimento de um conjunto de valores que levem a decisões de vida que vão para além do 'eu': que incluam preocupação com as necessidades dos outros.
Eles tentam viver de forma a dar o exemplo aos alunos, e estão dispostos a partilhar as suas experiências de vida pessoais. *Cura Personalis* (Cuidado pessoal por cada pessoa) permanece uma característica básica da educação jesuítica" (*Características da Educação Jesuítica*, 1986, #43).

> "Esta é a razão pela qual o contexto é tão importante para a pedagogia inaciana: ...o cuidado pessoal e a preocupação com cada indivíduo, que é um marco da educação jesuítica, requerem que o professor se familiarize tanto quanto possível com a experiência de vida do aluno. A experiência humana, que é sempre o ponto de partida da pedagogia inaciana, nunca ocorre em um vácuo, por isso devemos saber tudo o que for possível sobre o contexto real dentro do qual o ensino e a aprendizagem acontecem" (*Pedagogia Inaciana*, 1993, #35).
>
> O contexto não se limita ao contexto acadêmico (o que os alunos já sabem sobre a matéria de estudo). Para além de conhecimentos prévios dos alunos, o contexto também inclui aquilo que está acontecendo na vida pessoal dos alunos, na escola (no ambiente institucional da escola), bem como na comunidade mais abrangente (contexto socioeconômico, político, cultural) (*Pedagogia Inaciana*, 1993, #38-41). Os professores que desejam planejar e dirigir aulas eficazes devem considerar todos esses contextos.

Conhecimentos prévios

A primeira questão tem a ver com **conhecimentos prévios**. A aprendizagem acontece através de conexões, quando os alunos são capazes de relacionar novos conteúdos de conhecimento com aquilo que já sabiam sobre a matéria. De forma semelhante a um bibliotecário, um aluno deve saber como o novo conhecimento se conecta com aquilo que já sabia e em que prateleira, por assim dizer, deve colocá-lo para fácil acesso no futuro.

Não nos é possível aprender se não tivermos os conhecimentos prévios necessários. Em Matemática, por exemplo, se não sabemos com somar e subtrair, não podemos aprender multiplicação e divisão.

Ideias erradas que os alunos trazem também fazem parte do conhecimento prévio. Às vezes os alunos podem não ter uma compreensão correta de uma certa matéria. Nesses casos, esses erros levam com frequência a outros no futuro.

Por exemplo: Um aluno para quem o conceito de "trabalho" é sinônimo de "emprego" ou de "trabalho manual" não vai compreender por que, em Física, se considera que alguém que emprega um grande esforço ao empurrar uma parede não está realizando trabalho algum. O aluno só compreenderá essa noção se corrigir esse erro quanto ao conceito científico de trabalho (Trabalho = Força x Distância)

Dr. Seuss, autor de livros de crianças, compilou uma quantidade de ideias erradas de alunos que davam para encher um livro inteiro.

Por exemplo:

| Shakespeare escreveu tragédias, comédias e erros (Abingdon, 1931, p. 33) | A lei da gravidade foi aprovada pelo parlamento britânico (p. 85) | Fé é a qualidade que nos permite acreditar em coisas que sabemos não serem verdade (p. 16) |

Apesar de serem engraçadas, elas escondem alguns erros de compreensão que podem impedir ainda mais a aprendizagem sobre o tópico. De fato, vale a pena verificar a compreensão dos alunos antes de iniciar uma nova unidade temática.

O que dizem os estudos

Há um consenso claro sobre a importância de ativar conhecimentos prévios, como se vê nos seguintes estudos:

"Os alunos chegam à escola com ideias preconcebidas sobre o modo como o mundo funciona. Se a sua compreensão inicial não for abordada, eles podem não ser capazes de captar os novos conceitos e informações que estão sendo ensinados, ou podem aprendê-los para passar no teste, mas voltar aos seus preconceitos quando estão fora da sala de aula" (*National Research Council*, 2000, p. 14-15).

"...os alunos devem examinar explicitamente as tensões ou oposições entre o seu estado de compreensão atual de, por exemplo, um modelo ou processo, e a compreensão formal desejada" (Lee, 2017, p. 90).

"Aquilo que os alunos já sabem sobre o conteúdo é um dos indicadores mais importantes de quão bem vão aprender nova informação relativa a esse conteúdo" (Marzano, 2004, p. 1).

"...algo tão simples como perguntar aos alunos o que sabem sobre um tópico antes de ler ou instruir pode melhorar os resultados conseguidos" (Campbell; Campbell, 2009, p. 10).

Conexão Inaciana

...Raramente acontece a um aluno experienciar algo novo nos seus estudos sem o relacionar com o que já sabia antes. Novos fatos, ideias, pontos de vista, teorias muitas vezes apresentam um desafio àquilo que o aluno compreendia até esse ponto. Isso convida ao crescimento – uma compreensão mais completa que pode modificar ou alterar o que até então era tido como conhecimento satisfatório. O confronto entre o novo conhecimento e o que uma pessoa já tinha aprendido não se pode limitar simplesmente à memorização ou absorção passiva de dados, especialmente se não se encaixa perfeitamente naquilo que uma pessoa sabe. O aluno perturba-se quando descobre que não compreende completamente. Isto o impele a continuar em busca de maior compreensão – análise, comparação, contraste, síntese, avaliação – todos os tipos de atividades mentais ou psicomotoras pelas quais os alunos ficam alertas para captar a realidade mais plenamente (*Pedagogia Inaciana*, 1993, #44).

ATIVIDADE
CONECTE-SE ao CONTEXTO

▶▶ Uma forma simples de ativar o conhecimento prévio dos alunos é o que é popularmente conhecido por sua sigla Quadro SDCA[1] [S= Sabe; D=Deseja; C=Como; A=Aprendeu]. Perguntamos aos nossos alunos as seguintes questões:

- O que já **sabe** (S) sobre o tema?
- O que **deseja descobrir** (D) sobre o tema?
- **Como** (C) **pode aprender mais** sobre o tema?
- **O que aprendeu** (A) como fruto do seu trabalho na aula?

Apesar de esta última questão ser uma reflexão sobre a aprendizagem feita após a atividade educativa, note que as duas primeiras questões encorajam os alunos a recordar os seus conhecimentos prévios sobre os quais vão construir.

> Que outras estratégias você já usou para explorar os conhecimentos prévios dos seus alunos?
> De que forma foram úteis para clarificar o contexto acadêmico dos alunos?

---

[1] KWHL Chart, no original em inglês. (N. da P.)

ATIVIDADE

CONVERSE com COLEGAS

Encontramos os nossos alunos "onde eles estão" quando prestamos atenção ao seu contexto. Com frequência descobrimos que nem todos os alunos estão no mesmo ponto de partida, isto é, o seu conhecimento e capacidades numa determinada matéria podem não ser igualmente adequados.
Caso já tenha tido uma turma assim, como você respondeu a essa situação?

Quando não levamos em conta os diversos contextos acadêmicos dos nossos alunos e procedemos com o ensino da unidade temática sem considerar seus diferentes pontos de partida, estamos preparando nosso fracasso.
De que formas podem os professores abordar esse problema?

ATIVIDADE
ASSUMA um PEQUENO DESAFIO

> Dê alguns exemplos de ideias erradas que os seus alunos trouxeram
> consigo de experiências ou níveis de escolaridade prévios
> e que impediram a sua aprendizagem na sua aula.
> Como você pode identificar esse tipo de erro e como
> pode abordá-lo no início de uma unidade temática?

Estado de ânimo atual

A segunda questão que deve ser considerada em contexto tem a ver como **estado de ânimo** dos alunos e relaciona-se mais com a empatia que o professor deseja construir com eles. Os alunos estão, por acaso, partilhando algum sentimento significativo que possa afetar a aula? Alguns exemplos disto são excitação devido à feira escolar que se aproxima, alegria exuberante por causa de um jogo recente do campeonato, ou ansiedade por causa de um evento nacional recente. Seja o que for, o professor não deve ignorar um fato evidente com essas características. E não só deveria nomeá-lo, mas também, se isso ajudar, utilizá-lo para promover aprendizagem.

Se lembrar a sua experiência como aluno, vai concordar que a forma como se sente, física ou emocionalmente, tem impacto na sua experiência de aprendizagem. Por exemplo, um aluno que tenha estado toda a noite acordado tomando conta de um familiar doente ou jogando *videogame* provavelmente não vai aprender tão bem como um aluno que tenha tido uma boa noite de descanso. Além disso, como mostramos antes, as nossas emoções afetam a nossa aprendizagem mais do que julgamos, uma vez que, numa experiência de aprendizagem, "emoção e cognição operam ininterruptamente no cérebro" (Hinton, Fisher; Glennon, 2012, p. 13). Um aluno com ansiedade em relação à Matemática, que tem medo do professor ou que receia reprovar, ou que tem sido alvo de *bullying*, não vai aprender bem. As escolas precisam construir espaços seguros que promovam relações de apoio positivas para promover aprendizagem.

ATIVIDADE
CONVERSE com COLEGAS

▶▶ A iniciativa *Whole Child* (Criança Toda) da Association for Supervision and Curriculum Development (ASCD) redefine o que é um aluno bem-sucedido e como se pode medir o sucesso da aprendizagem. É proposto um perfil do aluno com cinco características daqueles que estão prontos a aprender e que têm mais probabilidade de ter sucesso:

a) Saudável   b) Seguro   c) Apoiado   d) Envolvido   e) Desafiado

Dado o grupo de alunos que você tem, qual das cindo características você sente que precisa ser reforçada? Enquanto professor, o que pode fazer para fortalecê-la?

ATIVIDADE
ASSUMA um PEQUENO DESAFIO

▶▶ Hoje em dia, as escolas podem não perceber que, mais do que nunca, precisam dar atenção a saúde, segurança e bem-estar dos seus alunos. Identifique algumas preocupações com as quais os seus alunos possam estar lidando (por exemplo: depressão, obesidade, pobreza, *bullying* etc.).

Como você e a sua escola podem mostrar maior empatia e cuidado pessoal para com os alunos que estejam lidando com esses problemas?

Interesses dos alunos e perfis de aprendizagem

A última questão centra-se no **interesse** dos alunos – ou na falta dele – em relação à matéria de estudo. Para envolver os alunos, é crucial que os professores encontrem um gancho, uma forma de captar a atenção deles e de os manter interessados. Normalmente, isso tem a ver com os seus conhecimentos prévios da matéria ou com o seu estado de ânimo atual. Como os professores sabem, este gancho pode ser decisivo em tornar uma aula bem-sucedida ou um fracasso, por isso vale a pena investir tempo e esforço no planejamento do momento inicial. Pode ser um jogo, um vídeo, uma canção ou até mesmo uma exposição de conteúdo ou debate provocativo.

> *"Unir um conteúdo importante aos interesses dos alunos constrói pontes entre o aluno e o conhecimento, a compreensão e as competências críticas."*
>
> (Sousa e Tomlinson, 2011, p. 113)

Os professores também podem melhorar a aprendizagem sendo conscientes dos **perfis de aprendizagem** dos seus alunos. Cada aluno de uma turma vem com diferentes estilos de aprendizagem e os professores não podem desenvolver empatia por eles sem fazer um esforço para descobrir quais são. Em suma, para promover aprendizagem, os professores precisam saber tirar proveito do modo como os alunos aprendem.

"Perfil de aprendizagem" refere-se ao modo como o aluno prefere aprender ou ao modo como aprende melhor. Alguns alunos preferem trabalhar sozinhos; há aqueles que trabalham melhor em colaboração com outros em pequenos grupos. Alguns aprendem melhor em silêncio, enquanto outros preferem ter música de fundo. A qual dessas categorias de aprendizagem pertencem os estudantes?

Que diferenças culturais ou de gênero devem ser consideradas? Dar aos alunos opções sobre como aprendem ou trabalham pode fazer toda a diferença.

Quando os professores dedicam tempo para conhecer os seus alunos, melhor e mais provável que se tornem professores eficazes.

Conexão Inaciana

A *Ratio Studiorum* é um documento que apresenta em detalhe o método de estudo usado em escolas jesuíticas no fim do século XVI. Foi compilado entre 1584 e 1599 por um comitê de educadores jesuítas com base nas experiências e sabedoria de centenas de professores de escolas jesuíticas.

O traço mais típico da *Ratio*, a "*preleção*", exemplifica empatia porque ilustra a prioridade dada ao contexto do aluno. A "*preleção*" é uma explicação de qualquer tarefa atribuída aos alunos. Na "*preleção*" o professor introduz o tema aos alunos e adapta a matéria ao contexto deles. O seu objetivo é tornar a lição mais interessante e acessível de modo a motivar os alunos a fazerem bem o trabalho que têm a fazer:

"O seu propósito não é poupar o aluno do trabalho duro, nem lhe fornecer informação que ele pode conseguir por si mesmo através da aplicação. O desencorajamento domina os menos talentosos e os menos diligentes quando se veem forçados a trabalhar sem ajuda, e o recurso a formas de ajuda ilegítimas torna-se irresistível; os alunos mais diligentes, por outro lado, aplicam-se a passagens difíceis com trabalho demorado e estéril, coisa que poderia ter sido evitada se o trabalho tivesse sido facilitado pela explicação inicial do professor" (Fuerst, 1925, p. 205).

Em resumo, eis algumas sugestões sobre como construir empatia através do CONTEXTO dos alunos:

- Descubra o que os alunos já sabem sobre a matéria.
  Averigue se eles têm algumas ideias erradas sobre ela.

- Qual o estado de ânimo prevalente na turma?
  De que forma ajudar os alunos a resolverem o que pode os estar incomodando?

- Busque uma forma de envolver os alunos. Que atividade ou material pode oferecer uma entrada eficaz no tema?

- Dê aos alunos uma visão geral daquilo que podem esperar, ou um itinerário do que vai ocorrer nos próximos dias.

- Use algum tempo para explorar a questão: "O que é importante?" ou "Ou que eu ganho em aprender esta matéria? Por que ela é relevante para os alunos?". Abordar essas questões pode ajudar a motivar os alunos.

ATIVIDADE
ASSUMA um PEQUENO DESAFIO

▶▶ No início do ano letivo, procure descobrir quais são os interesses dos alunos e as suas preferências no modo de aprendizagem. Pergunte aos seus professores anteriores, ao psicólogo da escola, ou a quem tiver informação sobre as preferências de aprendizagem e até sobre as deficiências deles, caso haja alguma.

Você também pode pedir aos alunos que respondam a um questionário no primeiro dia de aulas. Tente esta atividade chamada "Brasão de Armas Pessoal" se achar que pode ajudar. Mude as perguntas como preferir.

Peça aos alunos que ajudem você a conhecê-los através dos seus Brasões de Armas Pessoais. Eles podem escrever ou desenhar as respostas.

Como este tema faz você se sentir?	O que gosta de fazer no seu tempo livre?
Em que dia da semana prefere ter trabalhos de casa?	O que deseja desta disciplina?

BRASÃO DE ARMAS PESSOAL

ATIVIDADE
ASSUMA um DESAFIO MAIOR

▶▶ Ginsberg (2012) sugere que acompanhar um aluno durante um dia inteiro é uma boa maneira de descobrir como é a experiência real da turma ao longo de um dia normal. Esta é uma forma eficaz de colher informações sobre o contexto dos alunos e de crescer em empatia por eles.

Acompanhe um aluno durante um dia inteiro. Tanto quanto possível, faça tudo o que o aluno faz – vá às aulas, tome notas, participe de uma sessão de laboratório, faça testes etc. Antes, porém, garanta que você tem autorização do seu supervisor, do aluno e dos pais da criança.

Descreva a sua experiência e o que aprendeu com ela completando estas frases:

"Eu costumava pensar que..."	"Agora eu..."

Contexto do professor

"Nós ensinamos o que somos"

- P. Palmer (1998, p. 2)

Ensinar é uma tarefa intrinsecamente pessoal. As técnicas e estratégias que usamos nas aulas são importantes, mas um ensino eficaz nunca se reduz a elas. A pessoa que o professor é faz toda a diferença.

Assim como os alunos não podem deixar de trazer os seus contextos para a sala de aula, também os professores não podem evitar trazer os próprios mundos para o espaço de ensino e aprendizagem. As alegrias e esperanças dos professores – bem como as suas preocupações e ansiedades – têm influência quando eles entram na sala de aula. Por isso, os professores devem esforçar-se em serem atentos não só aos contextos dos seus alunos, mas também ao próprio contexto.

Não podemos exagerar ao afirmar o quão importante é que os professores cuidem bem da sua vida interior. **Você cuida de si mesmo? Está bem consigo mesmo para que possa cuidar dos seus alunos e ajudá-los a estar bem integrados?**

ATIVIDADE — CONECTE-SE ao CONTEXTO

▶▶ Alguma vez você pensou sobre quem é enquanto pessoa, ou que tipo de pessoa é? Quem é essa pessoa que ensina e cuida de alunos todos os dias?

Quem você é como professor tem também a ver com quem é enquanto pessoa. Um bom professor precisa conhecer e aceitar a pessoa que é. Preencha o diagrama abaixo.

O meu histórico pessoal	O meu histórico profissional
Adjetivos que me descrevem	Os meus *hobbies*, interesses, sonhos e aspirações

ATIVIDADE 💬
CONVERSE com COLEGAS

Como você se sente em relação ao modo como trabalha enquanto professor *aqui* e *agora*?

Os nossos sentimentos sobre o nosso trabalho são uma parte importante do contexto do qual devemos ser conscientes. Como em qualquer outro trabalho, o ensino tem altos e baixos. Há dias em que nos sentimos no nosso melhor, e há outros dias em que experimentamos descontentamentos e fracassos. Tente este exercício no qual deve responder às perguntas o mais honestamente possível. Compartilhe o que aprendeu com um colega.

Fazemos o que fazemos por uma *combinação* de razões.
Pense sobre como você se sente em relação ao seu modo de ensinar.
Avalie a sua situação nas escalas abaixo.

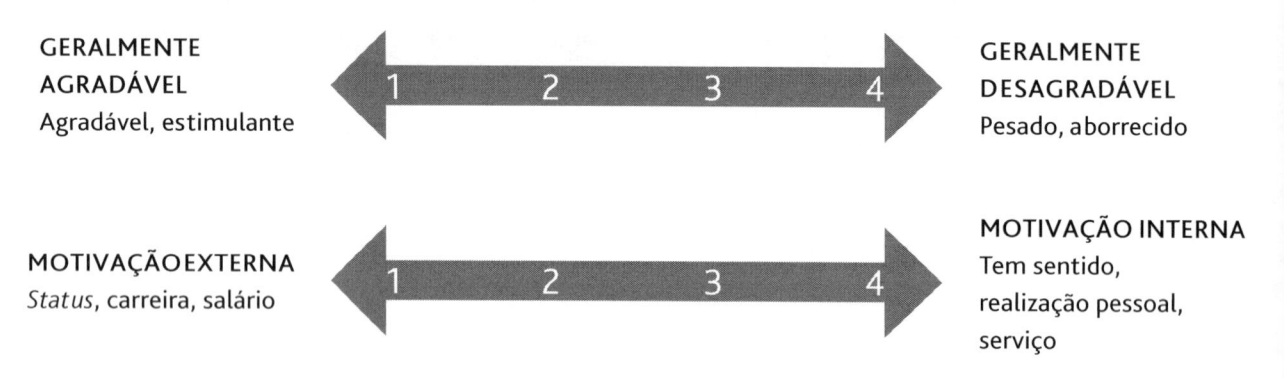

GERALMENTE AGRADÁVEL Agradável, estimulante	← 1 2 3 4 →	GERALMENTE DESAGRADÁVEL Pesado, aborrecido

MOTIVAÇÃO EXTERNA *Status*, carreira, salário	← 1 2 3 4 →	MOTIVAÇÃO INTERNA Tem sentido, realização pessoal, serviço

Com base na sua resposta, escolha o quadrante ao qual pertence.
Garanta que o seu raciocínio é bem justificado
– não apenas baseado nas respostas acima.

	EXPERIÊNCIA GERALMENTE **AGRADÁVEL**	EXPERIÊNCIA GERALMENTE **DESAGRADÁVEL**
MOTIVAÇÃO MAIS **EXTERNA** QUE INTERNA	1 CARREIRA	2 OBRIGAÇÃO
MOTIVAÇÃO MAIS **INTERNA** QUE EXTERNA	3 VOCAÇÃO	4 CAUSA

5 "MAIS OU MENOS"

	CATEGORIA	DESCRIÇÃO
1	CARREIRA	Faço o que faço porque me beneficia de forma tangível (por exemplo, *status* social, ligações vantajosas, prestígio etc.). De forma geral, disfruto do que faço.
2	OBRIGAÇÃO	Ultimamente trabalho mais por sentido do dever e obrigação. Muitas vezes sinto a vida como um peso, mas persevero o mais fielmente que posso.
3	VOCAÇÃO	Ultimamente vivo e faço o meu trabalho pela pura satisfação de o fazer. Ele tem um propósito elevado e não material que contribui para dar sentido à minha vida. De modo geral, também sinto que o que faço me dá energia e me realiza profundamente.
4	CAUSA	A recompensa daquilo que faço não é primeiramente tangível ou material. É uma responsabilidade – por vezes até uma carga pesada –, mas acredito que contribui para algum bem.
5	"MAIS OU MENOS"	Neste momento sinto que, por qualquer razão, aquilo que faço não tem grande significado na minha vida, mas faço-o da mesma forma. Não tenho sentimentos intensos sobre a minha vida e vocação – positivos ou negativos – e não sinto nenhuma motivação forte ou esperança de resultados.

(Franco, 2008)

Agora que você já deu nome aos seus sentimentos sobre o seu trabalho, descreva algumas das implicações que eles podem ter para a sua prática de ensino. Considerando esses *insights*, o que você mudaria no seu modo de fazer as coisas?

CAPÍTULO 5

FORTALECER O ENVOLVIMENTO ATRAVÉS DA REFLEXÃO

"A verdade é como a lua no céu, e a linguagem é como o dedo que aponta para a lua. Um dedo pode apontar para onde a lua está, mas o dedo não é a verdade." – Huìnéng, 638-713

O **Envolvimento** dos alunos é crucial para a Aprendizagem Refrativa. A menos que o aluno esteja de alguma forma envolvido direta e pessoalmente com a matéria de estudo, não haverá grande aprendizagem – ou nenhuma aprendizagem! Ou, como nos ensina Huìnéng, o patriarca do primeiro século do Budismo: aquele que procura a verdade tem que ver para além do dedo que aponta para a lua. **Do mesmo modo, o aluno deve envolver-se não apenas por causa do professor, mas também – e mais importante – em virtude do mundo a ser estudado.**

Diagrama 5.1: Envolvimento do aluno com o mundo a ser investigado

ATIVIDADE
CONECTE-SE ao CONTEXTO

Relembre uma experiência que o estimulou e na qual você se envolveu verdadeiramente – como um livro que não conseguia parar de ler, ou um passeio turístico cujas paisagens o deixaram encantado. Pode também pensar num passatempo com o qual esteja ocupado recentemente ou algum projeto no qual esteja trabalhando apaixonadamente.

Quais são algumas das características que o definem?
Em suma, o que fazem com que sejam tão envolventes para você?
O que essas experiências têm que o levam a perder a noção do tempo?
Elas têm algum elemento que, faltando, as tornaria menos interessantes ou menos envolventes?

Envolvimento do aluno

Os *videogames* podem ensinar-nos muito sobre **Envolvimento**. Por que você acha que tantos jovens – e até alguns menos jovens! – se tornaram autênticos viciados em *videogames*? Eles passam horas jogando, às vezes até ao ponto de se esquecerem das refeições ou deixarem de dormir. Os jogadores de *videogames* têm uma persistência incrível: mesmo quando falham, continuam tentando até melhorarem e conseguirem atingir o nível de dificuldade seguinte, e o seguinte, e o seguinte... até conseguirem uma vitória épica.

Para a Dra. Jane McGonigal, uma desenhadora e investigadora de jogos, os *videogames* são experiências de aprendizagem fortemente envolventes: os jogadores aprendem porque adquirem proficiência em determinadas competências e até acabam por ganhar uma compreensão profunda de problemas, temas ou conceitos.

Quais são alguns dos elementos que fazem com que os *videogames* sejam tão envolventes? Pergunte a si mesmo quais desses elementos você é capaz de incorporar nas experiências de aprendizagem que proporciona aos seus alunos:

- **Objetivo claro e valioso:** Os jogadores de *videogames* estão salvando uma cidade prestes a ser destruída, ou andam à caça de um tesouro valioso, ou simplesmente estão tentando encontrar a palavra mais longa possível dentre um conjunto de letras misturadas para marcarem o máximo de pontos. Muitos jogos populares envolvem uma busca ou missão que é considerada valiosa de forma a que o próprio esforço de alcançar o objetivo já traz intrinsecamente a própria recompensa.

- **Grande autonomia e controle:** Os jogadores de *videogames* têm imensas oportunidades de escolha – a escolha da sua personagem (nomes, equipamento etc.), a forma como escolhem aprender a jogar etc. Isso os faz se sentirem donos da própria experiência porque lhes foi permitido participar de sua construção.

- ***Feedback* frequente:** Os jogadores sabem que a qualidade do seu desempenho é constantemente monitorizada porque são imediatamente informados sobre se as suas tentativas foram bem-sucedidas. Um jogador ou jogadora sabe se é incapaz de saltar sobre uma ravina porque acaba mergulhado no rio, e pode até ser capaz de ver quão longe do objetivo a sua tentativa ficou. Essa informação ajuda a fazer ajustes para as próximas tentativas.

- **Nível de desafio adequado:** Os *videogames* têm níveis de dificuldade diferentes e os jogadores começam num nível adequado às suas capacidades, seja ele iniciante, seja intermediário ou elevado. As tarefas propostas aos jogadores nunca são nem demasiado fáceis nem demasiado difíceis. São desafiadoras, mas possíveis e ao alcance, porém requerem prática e perseverança.

De acordo com o conceito de **Zona de desenvolvimento próximo** de Vygotsky (1978), tarefas que sejam demasiado fáceis ou demasiado difíceis não serão envolventes para o aluno. Permitir que os jogadores de *videogames* experienciem pequenos sucessos um nível de cada vez dá-lhes um suporte natural e motivação para atingir os níveis mais avançados do jogo. Cada nível propõe um objetivo que está para além – mas não demasiado longe – da zona de conforto dos jogadores. Com prática e alguma orientação, os objetivos são alcançáveis.

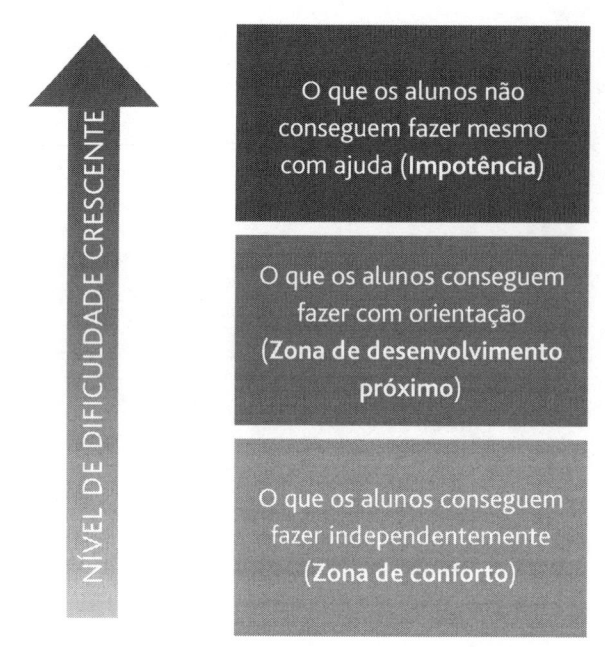

```
                    ┌─────────────────────────────┐
                    │ O que os alunos não         │
                    │ conseguem fazer mesmo       │
                    │ com ajuda (Impotência)      │
                    └─────────────────────────────┘
                    ┌─────────────────────────────┐
                    │ O que os alunos conseguem   │
                    │ fazer com orientação        │
                    │ (Zona de desenvolvimento    │
                    │ próximo)                    │
                    └─────────────────────────────┘
                    ┌─────────────────────────────┐
                    │ O que os alunos conseguem   │
                    │ fazer independentemente     │
                    │ (Zona de conforto)          │
                    └─────────────────────────────┘
```

Diagrama 5.2: Zona de Desenvolvimento Próximo, de Vygotsky

O conceito de **Fluxo**, de Csikszentmihalyi (1990), também é instrutivo sobre o envolvimento. Quando uma pessoa está totalmente imersa numa tarefa como um *videogame*, "perde-se" nela e se fecha a todo o resto com concentração total naquilo que está fazendo, diz-se que essa pessoa está num "estado de fluxo" ou "numa zona". Quando o nível de dificuldade de uma tarefa fica abaixo das capacidades do aluno, o resultado é aborrecimento. Em contrapartida, quando a tarefa é tão difícil que a sua exigência fica para além das suas capacidades, o aluno vai sentir-se ansioso e impotente. O "ponto ideal" encontra-se no nível em que o aluno é desafiado a ir para além da sua zona de conforto, mas sem deixar de sentir que está lidando com algo possível, dada a orientação apropriada. Em outras palavras, quando se está na zona de desenvolvimento próximo.

	CAPACIDADE BAIXA	CAPACIDADE ALTA
DESAFIO BAIXO	APATIA	ABORRECIMENTO
DESAFIO ALTO	ANSIEDADE	**FLUXO**

Tabela 5.1: Fluxo como competência superior e grande desafio

As condições essenciais para o fluxo são semelhantes às características do *videogame*:
   a) Um objetivo claro.
   b) *Feedback* imediato sobre o nosso progresso em direção ao objetivo.
   c) A percepção de que podemos adquirir as competências necessárias para enfrentar o desafio.

ATIVIDADE
VERIFIQUE a sua COMPREENSÃO

▶▶ Estude os seguintes exemplos de aulas com elevado nível de envolvimento dos alunos. Que elementos estão presentes em cada um dos exemplos? É possível sugerir formas de apresentar mais elementos para aumentar o envolvimento dos alunos?

---

1. Para uma lição sobre família e amigos, crianças do jardim de infância sentam-se ao redor da professora, que lhes mostra um cachorro de pelúcia velho e lhes conta a história de uma menina que todos os dias se deitava abraçada a ele. Depois, as crianças fazem desenhos sobre os seus brinquedos favoritos, pessoas e lugares, seguidos de uma atividade de "mostrar e contar". Mesmo antes de a professora lhes ensinar sobre família e amigos, elas já falam espontaneamente sobre conceitos-chave dessa temática: família, amor, abraço, sentir-se seguro.

2. Para começar uma lição sobre o Sistema Solar numa turma de 6º ano, a turma vê um trecho do filme *Guerra nas Estrelas*, após o qual lhes é pedido que identifiquem diferentes corpos celestes presentes. Depois, os alunos estudam as definições desses termos (por exemplo: planetas, estrelas, meteoritos etc.). É pedido então que discutam em grupos e que respondam: Se você fosse o Imperador do Império Galáctico da Via Láctea, que corpos celestes fariam parte do seu reino? Quanto tempo você levaria para atravessar o seu império em linha reta?

3. Para uma aula do 4º ano sobre mitos e lendas, é mostrado um trecho de um dos filmes de *Harry Potter* seguido de uma reflexão: Será que a saga *Harry Potter* é um mito? Quais são os significados de mito e lenda? Ao longo da unidade temática, são usados exemplos de *Harry Potter* como ponto de partida para discussões na aula sobre temas mitológicos, criaturas mitológicas, o conceito de herói e a função dos mitos para explicar o universo. No final dessa unidade, é pedido aos alunos que escrevam o próprio mito moderno.

4. Um professor universitário de História dá uma palestra de duas horas sobre a riqueza de informação que pode ser adquirida através de mapas de cidades ao longo de várias décadas. Começa por contar a história de quando encontrou um mapa antigo do país num museu e de como isso o levou a procurar outros mapas antigos. Ele mostra um mapa da cidade na qual a universidade se encontra e narra a história da cidade e outros detalhes fascinantes. Ao saírem do auditório, vários alunos comentam que as duas horas passaram voando, e que o professor lhes deixou com muita informação estimulante para pensar.

A reflexão como exercício de envolvimento

Não é apenas o tópico ou a tarefa que pode envolver os alunos, mas, e mais importante, o processo usado para estabelecer uma ligação significativa ao conteúdo. A **reflexão** é uma forma eficaz de fazer isto. Não é o único elemento de uma experiência envolvente, mas é um dos essenciais. Afinal de contas, quanto mais tempo e esforço dedicamos a pensar sobre o conteúdo, mais nos sentimos ligados a esse conteúdo.

O que faz com que a Aprendizagem Refrativa seja centrada no aluno é precisamente o fato de que é guiada por reflexão. São os alunos que têm que fazer a reflexão por eles mesmos. Os professores podem apenas assegurar-se de que planejam as aulas de forma a dar aos alunos oportunidades, apoio e encorajamento para se envolverem em reflexão.

Através da reflexão, os alunos podem envolver-se direta e pessoalmente com a matéria de estudo. Em reflexão, os alunos lutam com conceitos, encontram ligações entre eles, descobrem os pressupostos subjacentes e têm a visão de conjunto. Através da reflexão, o conteúdo adquire significado e valor para eles. É através do exercício de reflexão que os alunos cumprem o seu papel de criadores de sentido e chegam à compreensão.

A reflexão é importante não só porque leva à compreensão, mas também porque é uma forma de aumentar o envolvimento dos alunos. A reflexão é especialmente decisiva se considerarmos a cultura atual das "frases fáceis de lembrar" e "cópia e cola".

Planejar reflexão e compreensão

Os professores devem apontar explicitamente à compreensão dos alunos através das oportunidades de reflexão que lhes proporcionam em cada unidade temática. Os alunos devem ser guiados e ensinados explicitamente sobre como envolver-se no processo "deliberado de desmontar ideias" e sobre a necessidade de nos distanciarmos para ver como essas ideias encaixam na visão de conjunto.

Este objetivo de instrução explicitamente focada na compreensão requer que os professores formulem os *insights* que podem ser considerados mais importantes que se espera que os alunos alcancem nessa unidade temática, bem como as **questões** essenciais sobre as quais os alunos precisam refletir para as alcançar.

As oportunidades para refletir sobre essas compreensões são demasiado importantes para serem deixadas ao acaso pelo professor. Uma das características centrais do sistema de planejamento de currículos escolares em *Understanding by Design* de Wiggins e McTighe (2005) é que as ideias centrais de cada unidade temática devem ser identificadas e que a criação de sentido em direção a essas ideias deve ser considerada parte integral dos objetivos da unidade temática.

A Aprendizagem Refrativa pede que se faça uma formulação propositada dessas questões reflexivas e *insights*. Por exemplo, os alunos podem ser consumidores mais críticos dos meios de comunicação se explorarem a questão reflexiva "De onde vêm as mensagens?" e se chegarem à ideia-chave (*insight*) de que "todas as mensagens dos meios de comunicação são construções" (*Center for Media Literacy*, s.d.)

Depois de explorarem esta questão reflexiva ao longo da unidade temática, os alunos vão compreender que toda mensagem que encontram nos meios sociais é criada por alguma pessoa ou entidade que fez certas escolhas sobre o que sublinhar, o que omitir, que palavras e imagens usar baseadas em que propósito – vender um produto, influenciar percepções e comportamentos, entre outros aspectos.

Formular *insights*

No planejamento de currículos, um ***insight*** é um princípio geral que nos permite fazer qualquer das seguintes operações, ou todas elas:

- Estabelecer ligações entre conceitos e, se possível, relacioná-los com: a) ideias ou textos de outras aulas ou disciplinas, ou b) experiências pessoais e eventos atuais.
- Tornar explícitos os pressupostos subjacentes aos fatos e conceitos que aprendemos.
- Organizar e arquivar o que foi aprendido em um marco conceitual para uma síntese pessoal e para estar acessível no futuro.

A compreensão só acontece quando os alunos são capazes de chegar a um *insight* que os ajude a relacionar e organizar conhecimento num sistema. Afinal de contas, é dentro do contexto do marco conceitual de uma pessoa numa disciplina (e para além dela) que novos fatos e ideias podem ser compreendidos.

Estas são três características importantes dos *insights*:

DISCUTÍVEL Um *insight* não é uma definição; não é a afirmação evidente de um fato. Um *insight* provoca o pensamento e a discussão. Idealmente, ele estimula o nosso interesse e pode até ser controverso. Ele encoraja-nos a repensar e a fazer perguntas. Em suma, é **discutível**. Isto é assim porque a questão que aborda não tem uma única resposta certa ou uma solução certa e óbvia.

A questão: "De onde vêm as mensagens dos meios de comunicação?", por exemplo, não tem uma única resposta verificável. Consequentemente, respostas possíveis (tal como o *insight* proposto: "todas as mensagens dos meios de comunicação são construídas") prestam-se ao debate, a mais reflexão e discussão.

DEFENSÁVEL Do mesmo modo que um *insight* não é um fato, ele também não é uma mera opinião pessoal ou sentimento subjetivo sobre os quais não pode haver debate substancial. Um *insight* é uma afirmação ou tese; é um *juízo* que uma pessoa faz com base no conhecimento que tem do conteúdo, nas suas competências e compreensão conceitual. Uma vez que é um juízo, podemos tomar a decisão de o aceitar ou rejeitar.

Sendo verdade que o *insight* "todas as mensagens dos meios de comunicação são construídas" é uma afirmação que não pode ser provada de forma totalmente conclusiva, ele pode certamente ser apoiado apelando-se às provas e à autoridade. É possível acumular argumentos e construir um caso a favor dele. Em suma, é **defensável**.

DESENVOLVÍVEL A característica mais importante de um *insight* talvez seja que ele tem que ser essencial. Ele deve lidar com pressupostos e princípios que se encontram no núcleo da matéria de estudo ou da disciplina. Porque a compreensão que traz é central ao tema em estudo, ele oferece uma estrutura que permite ao aluno relacionar e organizar os conteúdos do seu conhecimento ganhando acesso a uma visão de conjunto mais alargada.

Para além disso, quando refletimos sobre o *insight*, aprofundamos a nossa compreensão. Quanto mais refletimos sobre ele, mais **profundamente** podemos **mergulhar** nele. A afirmação de que as mensagens dos meios de comunicação são uma construção social pode desenvolver-se à medida que refletimos mais sobre ela e a compreendemos melhor. Vamos acabar por refiná-la mais, de uma forma que revela uma compreensão mais sofisticada e com mais nuance. Por exemplo: "Todas as mensagens dos meios de comunicação são construídas não só pelo seu autor, mas também condicionadas pelo seu contexto social".

Estes são alguns exemplos de afirmações que *não* se consideram *insights*:

> "O coração é um órgão muscular que bombeia o sangue através do sistema circulatório por contração e dilatação ritmadas." (Isto é apenas uma definição.)

> "O coração é um órgão essencial nos mamíferos." (Isto é demasiado óbvio.)

Um melhor exemplo de *insight* seria: "Esse desenho (*design*) segue a função" – quer dizer, o coração e outros órgãos do corpo (de fato, tudo o que se encontra na natureza!) são desenhados com base naquilo que é suposto fazerem. Assim, as suas propriedades são formadas pela sua função.

A ideia de que "o desenho segue a função" ilustra como os *insights* são afirmações sintetizadoras que **relacionam** conceitos e fatos e que nos oferecem uma forma de os **organizá-los**.

Ao inserir reflexão numa aula, os *insights* são formulados como afirmações que são **discutíveis**, **defensáveis** e **desenvolvíveis**, e devem ser explicitamente incluídos nos objetivos de aprendizagem que desejamos para a unidade temática. Se os professores não expressarem aquilo que esperam que os alunos compreendam através de uma determinada matéria de estudo, é provável que essa compreensão nunca venha a acontecer. Em outras palavras, não basta dizer que queremos que os alunos reflitam sobre e compreendam um determinado tópico. Devemos pôr por escrito exatamente o que esperamos que eles venham a compreender sobre o tema e sobre o que precisam refletir para lá chegar. Precisamos formular *insights* e **questões de reflexão**.

ATIVIDADE
VERIFIQUE a sua COMPREENSÃO

Qual das seguintes afirmações você considera ser um *insight*? Por quê?

☐ A. "Trama ou enredo refere-se à sequência de eventos de uma narrativa, que normalmente consiste em: 1) a exposição da situação, 2) a ação ascendente (como resultado de conflito), 3) o clímax ou ponto de virada, 4) a ação descendente, e 5) a resolução."

☐ B. "Cada elemento individual de um determinado texto literário (por exemplo, trama, personagens, cenário, ambiente etc.) deve contribuir para o propósito do autor (seja ele uma mensagem, seja ele um efeito artístico ou emocional)."

> A resposta correta é (B). A primeira afirmação oferece uma definição correta de "trama", mas não é um *insight*. A segunda afirmação é uma asserção que clarifica o propósito da trama, bem como de outros elementos de um texto literário. A afirmação não é totalmente certa – pode ser debatida, mas também defendida. Podemos argumentar que essa afirmação faz sentido e é valiosa uma vez que nos permite relacionar a trama com outros conceitos literários (personagens, cenário, ambiente). A afirmação também nos permite mergulhar mais profundamente no conceito de "trama" e compreendê-lo melhor.

Qual dos seguintes itens NÃO é um exemplo de *insight*?

A. A poesia usa linguagem intencionalmente, escolhendo palavras e formas que magnifiquem o sentido e o impacto através de sons e ritmo.

B. Nos esportes, boa técnica pode por vezes compensar a falta de força ou tamanho.

C. Evolução é a mudança nas características hereditárias das populações biológicas através de gerações sucessivas.

D. Ciência é o processo de juntar todos os pedaços de informação disponíveis e díspares, formulando uma tentativa de explicação deles.

E. Nenhuma das afirmações acima – Todas podem ser consideradas *insights*.

> Resposta correta: C, porque é apenas uma definição.

Verdadeiro ou Falso?

A. Podemos envolver-nos em reflexão em todas as disciplinas – até Matemática e Educação Física!

B. A reflexão deve ser sempre relacionada a valores, fé ou *insight* espiritual.

C. A reflexão é melhor quando feita no final de cada lição.

D. O *insight* possível (e as questões de reflexão) não precisa estar incluído nos objetivos de aprendizagem.

E. É possível planejar compreensão como algo central à lição.

Respostas: Falsas – B, C e D. Verdadeiras – A e E.

Mais dicas sobre como formular *insights*

Os *insights* são mais bem formulados quando apresentados em forma de teses provocativas ou que convidam a fazer perguntas e a qualificá-las. Além disso, quanto mais inteligente seja a formulação, mais fácil será de lembrar e mais poderosa será a compreensão que originam. Por exemplo: "Escrever é 1% de inspiração e 99% de transpiração". Essa afirmação é provocativa porque vai contra a ideia comum de que a inspiração desempenha um papel maior na escrita.

A formulação de *insights* deve ser adequada à idade, isto é, acessível aos alunos aos quais se dirige. Por exemplo, para um aluno do 1º ano, pode ser suficiente apontar a um *insight* para História tão simples (mas profundo) como: "Podemos aprender muito do passado para fazer o presente melhor".

Espera-se que os *insights* se repitam, uma vez que estabelecem ligações entre tópicos de distintas áreas de estudo. No entanto, à medida que os alunos avançam nos seus estudos, esses *insights* devem aprofundar-se e expandir-se em crescente complexidade e sofisticação. Por exemplo, o mesmo *insight* em História pode ser desenvolvido para um aluno do 9º ano desta forma: "A História oferece-nos lições valiosas que podem ajudar a iluminar o presente e guiar as nossas decisões".

Também é melhor considerar os *insights* como trabalhos em progresso. Nunca são definitivos, e os professores são convidados a revê-los à medida que a própria compreensão aumenta.

Tipos de *insights*

Os professores podem apontar três tipos de *insights* que correspondem aos três tipos de reflexão discutidos num dos capítulos anteriores.

CONCEITUAL *Insights* sobre as relações entre conceitos e fatos que oferecem uma síntese daquilo QUE foi aprendido. *Insights* conceituais levam a uma compreensão mais profunda do conteúdo.

METACOGNITIVO *Insights* sobre o processo de aprendizagem e as formas de pensar da disciplina, cristalizando COMO os alunos aprenderam e COMO se envolveram no tipo de pensamento implícito a essa disciplina particular.

PESSOAL *Insights* sobre o valor, significado e implicações daquilo que foi aprendido para a vida do aluno. POR QUE os alunos aprenderam a matéria – ou PARA QUÊ?

Abaixo damos um exemplo para cada um dos três tipos de *insights* que podem ser inferidos de uma lição:

Tópico	*Insight* conceitual	*Insight* metacognitivo	*Insight* pessoal
A Teoria da Evolução das Espécies de Darwin	Em evolução biológica, a forma segue a função: a seleção natural permite que as características mais vantajosas de uma espécie sejam passadas às gerações futuras.	As teorias científicas são formas comprovadas de compreender os dados disponíveis, mas estão abertas a revisão, aperfeiçoamento e correção.	A teoria da evolução das espécies de Darwin não elimina a possibilidade de um Criador. Para os crentes, ela sugere um possível processo natural de criação.

Tabela 5.2: Três *insights* para uma unidade temática

Alguns professores têm a tendência a reduzir a reflexão a um exercício simplista de encontrar alguma aplicação moral ou espiritual de determinada tarefa que muitas vezes só se relaciona superficialmente com a lição. Um exemplo deste erro é o seguinte *insight* proposto numa aula de Inglês sobre a voz ativa e passiva dos verbos: "Na vida é importante ser capaz de discernir os tempos em que é mais apropriado ser ativo e aqueles em que devemos permanecer passivos". Embora seja bom como conselho, é totalmente desligado da lição, e seguramente nada essencial.

Compare isso com estes *insights* alternativos que emergem adequadamente do mesmo tópico: "O uso da voz ativa ou passiva confere diferentes tonalidades ao significado do texto" ou "A forma como construímos as nossas frases torna-nos comunicadores mais, ou menos eficazes".

INSIGHTS CONCEITUAIS
MATEMÁTICA: A Matemática é a linguagem do universo.
BIOLOGIA: A sobrevivência das espécies é determinada tanto por cooperação como por competição.
GEOGRAFIA: As Ilhas das Filipinas são mais ligadas do que separadas pelos corpos de água.
INSIGHTS METACOGNITIVOS
HISTÓRIA: Pensar como um historiador significa construir a interpretação mais sólida possível, mesmo levando em conta dados contraditórios ou incompletos.
LEITURA: Compreender a estrutura de um texto ajuda o leitor a entender o seu significado.
CIÊNCIAS: As teorias científicas são as nossas conjeturas mais bem fundadas com base nos dados e teorias disponíveis até ao momento.
INSIGHTS PESSOAIS
LINGUAGEM: "A linguagem serve como um meio de expressão humana, mas também como uma ferramenta de opressão humana" (Orwell, 1984).
EDUCAÇÃO FÍSICA: Há uma relação significativa entre o desempenho físico e a autoestima.
ALFABETIZAÇÃO INFORMÁTICA E DIGITAL: A internet abre-nos o mundo, por isso devemos estar dispostos a aprender. Mas também nos abre ao mundo, por isso devemos ser responsáveis por aquilo que publicamos sobre nós mesmos.

Tabela 5.3: Exemplos de *insights* conceituais, metacognitivos e pessoais

ATIVIDADE
VERIFIQUE a sua COMPREENSÃO

> Escolha um ou dois *insights* da Tabela 5.3 e explique por que são discutíveis, defensáveis e desenvolvíveis.

ATIVIDADE
CONVERSE com COLEGAS

▶▶ Relembre um ou dois tópicos importantes que tenha ensinado recentemente. Tente formular dois ou três possíveis *insights* relevantes para esses tópicos. *Não importa que tipo de* insight *são. Não é necessário elaborar um para cada tipo, desde que saiba que os* insights *podem ser conceituais, metacognitivos ou pessoais.* Tente também lembrar: toda a formulação de um *insight* é um processo contínuo. Depois, compartilhe esses *insights* com os seus colegas para aprender com eles e melhorar a sua escolha de palavras.

TÓPICO(S)	POSSÍVEIS *INSIGHTS*	TIPO DE *INSIGHT* (Conceitual, metacognitivo, pessoal)

Formular perguntas para reflexão

A reflexão é tão central para a aprendizagem refrativa que devia ser integrada ao longo de toda a experiência de aprendizagem. Não se pode exagerar a importância deste ponto: a reflexão não devia ser algo em que se pensa só no final da unidade temática – *apenas* quando sobra tempo. Os professores devem estar prontos a lançar a turma em reflexão a cada oportunidade, tenham essas oportunidades sido planejadas ou não.

Ensinar para a reflexão requer que se incluam explicitamente os *insights* como parte dos objetivos educativos. Mas o professor não deve disponibilizar esses *insights* "já prontos" aos alunos. Eles não podem ensinar os *insights* diretamente; podem apenas criar estímulos para que os alunos passem eles mesmos pelo necessário e produtivo processo intelectual que leva à compreensão. A única forma legítima de facilitar a reflexão dos alunos é propor questões de reflexão que sirvam como **estímulos** à reflexão.

Para cada unidade temática, podem ser formuladas uma ou duas questões de reflexão que provoquem debate que leve ao *insight* desejado – a um semelhante, ou ainda melhor. O maior desafio consiste em proporcionar aos alunos as indicações e o apoio (os andaimes) de que eles precisam.

Assim, ensinar para a reflexão envolve formular, durante a fase de planejamento da unidade temática, *insights* possíveis e questões de reflexão cuidadosamente elaboradas para conduzir à reflexão.

> **Conexão Inaciana**
>
> "Um dos principais desafios que um professor enfrenta nesta fase do paradigma da aprendizagem é formular questões que possam expandir a sensibilidade dos alunos e impeli-los a considerar os pontos de vista dos demais, especialmente dos mais pobres. Aqui o professor pode ser tentado a impor esses pontos de vista. Se isso acontecer, o risco de manipulação ou doutrinação (certamente não inaciana) é alto, e um professor deve evitar tudo o que possa levar a esse tipo de risco. Mas permanece o desafio de abrir a sensibilidade dos estudantes às implicações humanas daquilo que estudam, de forma a serem capazes de transcender às suas experiências passadas e a fazer com que cresçam em qualidade humana" (*Pedagogia Inaciana*, 1993, #55).

Abaixo estão possíveis questões de reflexão que podem provocar alguns *insights* sugeridas para uma unidade temática de Ciências sobre a teoria da evolução de Darwin.

	Tópico: A teoria da evolução das espécies de Darwin		
	Conceitual	Metacognitivo	Pessoal
Questões de reflexão	"De que forma a teoria da evolução das espécies nos ajuda a compreender o modo como a natureza está desenhada?"	"O que essa teoria nos diz sobre teorias científicas – sobre como são desenvolvidas, formuladas e testadas?"	"De que forma a teoria da evolução de Darwin afeta a nossa crença na criação e num Criador?"
Insights possíveis	"Em evolução biológica, a forma segue a função: a seleção natural permite que as características mais vantajosas de uma espécie sejam passadas às gerações futuras."	"As teorias científicas são formas comprovadas de dar sentido aos dados disponíveis, mas estão abertas a revisão, aperfeiçoamento e correção."	"A teoria da evolução das espécies de Darwin não elimina a possibilidade de um Criador. Ela sugere, para os crentes, um possível processo natural de criação."

Tabela 5.4: Exemplos de perguntas para reflexão e possíveis *insights*

É importante esclarecer que um *insight* formulado por professores não tem como intenção ser "a única resposta certa" a uma pergunta de reflexão. Pela própria natureza, as questões de reflexão não têm respostas simples ou fáceis. O seu propósito é provocar o exercício de reflexão que deve levar a esses *insights*.

De fato, é bastante provável que os *insights* aos quais os alunos vão chegar depois de se envolverem com uma pergunta de reflexão serão formulados de forma ou com palavras diferentes. Por exemplo, à medida que o estudante adquire gradualmente um *insight* sobre a temática da teoria de Darwin, ele pode estar pensando: "A teoria de Darwin lida mais com a questão científica, 'Como isso aconteceu/acontece?', e não com a questão religiosa, 'Quem é responsável?'". Note que, apesar de ser articulada de forma diferente, é muito semelhante ao *insight* pessoal sugerido acima. É por isto que o *insight* formulado pelo professor é apenas um entre muitos possíveis.

Outro exemplo – desta vez, da disciplina de Educação Física – pode ser: "Qual é a importância da boa forma física para nós?". O professor pode ter formulado como desejável o seguinte *insight* pessoal: "Existe uma forte relação entre boa forma física e autoestima". É possível que um aluno expresse o mesmo *insight* de forma mais pessoal – mas não menos válida – assim: "Aprendi que, se me mantiver em forma, serei mais confiante e me sentirei melhor comigo mesmo".

O *insight* do aluno não é menos válido e, por ter sido formulado com as próprias palavras, é ainda mais significativo para ele.

Em outras palavras, o máximo que os professores podem fazer é antecipar algumas das possíveis respostas às questões de reflexão. E o mínimo que devem fazer é estar abertos a qualquer *insight* que os alunos apresentem.

> **Três questões de planejamento para refletir**
>
> Ao planejar uma aula para a compreensão e ao ensinar para a reflexão, podemos perguntar-nos as seguintes questões:
>
> Sobre que questões de reflexão devem os alunos debruçar-se ao longo desta unidade temática?
>
> Que questões de reflexão abrangentes deveriam ser apresentadas ao longo de toda a sua formação escolar?
>
> A que *insights* (ou declarações de tese) eles poderão chegar como resultado de terem refletido sobre essas questões?

GERAL
Como esta parte afeta ou se relaciona com o que aprendemos até agora?
Qual a melhor maneira de organizar ou apresentar aquilo que acabamos de aprender?
O que isso interessa? Que importância ou relevância esta lição tem para a minha vida?
LITERATURA
De que forma a literatura molda e reflete uma cultura?
Podemos dizer que existe uma interpretação correta de um texto?
Quão importante é ler? Por quê?
HISTÓRIA
Como um governo justifica a decisão de entrar em guerra?
Como a História é escrita e por quem? Que versão deve ser aceita?
De que forma pode o passado ajudar-nos a melhorar o mundo e a nossa vida enquanto pessoas?
Como podemos tornar-nos melhores cidadãos?
MATEMÁTICA
Por que há diferentes maneiras de representar numericamente uma quantidade?
Como as equações lineares podem me ajudar a predizer como uma variável mudará em relação a outra?
Que valor tem para mim aprender equações lineares?

Tabela 5.5: Exemplos de perguntas de reflexão

Perguntas de reflexão e *insights* interdisciplinares

Alguns dos *insights* mais importantes são **interdisciplinares**, isto é, são transversais porque cobrem um assunto através de áreas de estudo distintas. É crucial que os professores de um departamento e entre departamentos colaborem na formulação dos *insights* globais que planejam ensinar aos seus alunos. Usemos o exemplo citado antes:

"A teoria da evolução das espécies de Darwin não elimina a possibilidade de um Criador. Ela sugere, para os crentes, um possível processo natural de criação."

Este exemplo de *insight* pessoal pode ser considerado interdisciplinar porque lida com temas não só de Ciências, mas também Filosofia e Educação Religiosa.

ATIVIDADE
ASSUMA um PEQUENO DESAFIO

▶▶ Tentemos ser interdisciplinares. Os *insights* são uma forma prática de criar sinergia entre disciplinas. Trabalhe com professores de um ou dois departamentos diferentes. Identifiquem tópicos nas áreas de estudo que sejam relacionados. Conseguem formular uma ou duas questões de reflexão gerais e possíveis *insights* que possam enriquecer o ensino desses tópicos?

	Questões de reflexão interdisciplinares	*Insights* interdisciplinares possíveis
Tópico: _____ Disciplina: _____		
Tópico: _____ Disciplina: _____		
Tópico: _____ Disciplina: _____		
Tópico: _____ Disciplina: _____		

Facilitar a reflexão

O que se segue após formular questões de reflexão e *insights* para uma unidade temática? Como podem os professores utilizar essas questões de reflexão e *insights* para promover reflexão durante as aulas?

Usar a pergunta de reflexão diretamente para uma discussão na aula é apenas uma de muitas formas possíveis de provocar reflexão. O professor pode usar uma variedade de materiais de estímulo para balizar ou introduzir uma questão de reflexão: um texto específico, um vídeo, um excerto de uma peça de teatro ou história, uma experiência do mundo real, ou até um artefato.

As questões de reflexão mais eficazes devem ser capazes de atingir qualquer um dos seguintes objetivos:

- Apresentar uma situação desconcertante ou um problema complexo
- Exigir uma decisão difícil
- Revelar ideias erradas ou preconceitos
- Desafiar a compreensão atual
- Comunicar novas perspectivas

A chave para que a reflexão dos alunos seja bem-sucedida é que a questão de reflexão seja apresentada de forma a provocar o pensamento e debate.

Haverá casos em que, dada a mesma pergunta de reflexão, os *insights* dos alunos podem ser diferentes daquilo que o professor tinha previsto. Nesses casos, o professor deve ser capaz de julgar se esses *insights* são válidos ou não para essa disciplina. E, se forem válidos, o professor deve aceitá-los independentemente do quão diferentes possam ser daquilo do anteriormente formulado.

Algumas estratégias para reflexão

É responsabilidade dos professores – no seu papel de facilitadores de criação de sentido – planejar experiências que ofereçam aos alunos oportunidades para refletir.

A reflexão requer tempo porque envolve não tanto a busca da única resposta certa a uma pergunta de reflexão, mas o lutar com a questão de forma a aprofundar a compreensão. Esta compreensão só pode acontecer se os alunos tiverem amplo tempo e oportunidade para repensar, explorar a fundo, considerar outros ângulos e fazer mais perguntas.

A boa notícia é que existem muitas ferramentas disponíveis com a tecnologia de hoje que podem ajudar à reflexão, tais como ferramenta de *mind-mapping* (mapa mental), estatísticas *on-line*, *blogs* e painéis de discussão.

Abaixo damos quatro exemplos que os professores podem considerar para ajudar a inserir a reflexão nas suas aulas:

Seminário socrático

Um seminário socrático é uma forma de indagação colaborativa sobre um conceito complexo ou uma questão baseada num texto: por exemplo, um artigo, uma obra de arte ou um vídeo. Os participantes sentam-se à volta de uma mesa para refletir sobre uma questão instigadora dada pelo professor para discutir as suas respostas. Os participantes devem ter oportunidade de estudar o texto antes do seminário.

O objetivo não é chegar a um consenso ou formular uma resposta final do grupo, mas que todos os membros partilhem as suas diferentes perspectivas, usando o texto como base, de forma a enriquecerem a sua compreensão. É importante que sejam disponibilizados de 30 a 45 minutos para o seminário.

Questões complexas e dilemas morais

As questões complexas e os dilemas morais não têm uma única solução óbvia e são ideais para a reflexão e o debate.

Podem-se oferecer vinhetas que envolvam uma questão complexa ou dilema moral e perguntar-lhes: "O que você faria nesta situação?". Os alunos podem responder de várias formas – não só escrevendo reflexões individuais, mas também através de *role play* ou procurando em grupo uma resolução para uma história.

Exercício de pensamento visível

Um exercício de pensamento visível chamado cabo de guerra pode ser levado aplicado a crianças pequenas (Ritchhart et al., 2011). São dadas aos alunos duas alternativas relacionadas a um problema, e eles providenciam ideias sobre os diferentes fatores que devem ser considerados ao pesar uma posição contra a outra.

O professor desenha uma linha horizontal no quadro, com as pontas da linha representando as duas alternativas. Em pedaços de papel adesivo, os alunos fazem uma lista dos seus argumentos para cada lado, com um argumento para cada pedaço de papel, e colam-nos em algum lugar ao longo da linha, dependendo do quão persuasivo ou forte o argumento for. Quanto mais próximo do final da linha, mais será a força que ele confere a essa posição em comparação com aqueles no meio. Durante o processo, os alunos aprendem que, frequentemente, tomar decisões não é apenas escolher entre preto e branco, mas é uma questão de considerar todas as tonalidades de cinza entre eles.

Tomada de perspectiva

Um professor também pode conceber experiências diferentes para ajudar os alunos a explorar um conceito, problema ou tema usando várias perspectivas. Por exemplo, pode-se pedir aos alunos que pensem em *Hamlet* partindo da perspectiva das personagens femininas, ou que escrevam uma adaptação ao século XXI do clássico filipino *Noli Me Tangere*, ou que recontem o bombardeio de Pearl Harbor do ponto de vista de um piloto de caça japonês.

Três grandes ideias sobre reflexão

Em resumo, aqui estão as três coisas a lembrar sobre reflexão.

▸ **Ensiná-la e modelá-la:** A reflexão é hoje mais valiosa do que nunca. Devemos promovê-la e ensiná-la nas nossas aulas porque, ao que parece, mais ninguém a ensina aos nossos alunos. No entanto, enquanto professores, não só devemos inserir reflexão nas nossas aulas, mas também ser modelos de reflexão. Por exemplo: "pensar alto" para mostrar aos alunos como se faz.

▸ **Planejá-la e apoiá-la:** O planejamento é central em toda lição. Apoie-a usando perguntas de reflexão cuidadosamente preparadas juntamente com *insights* possíveis, mas seja sempre aberto aos *insights* que os alunos possam descobrir por si mesmos.

▸ **Testá-la**: Para passar a mensagem de que a compreensão é importante, ela deve ser avaliada de alguma forma. Falaremos mais sobre isto num capítulo adiante.

ATIVIDADE
ASSUMA um PEQUENO DESAFIO

Formule os *insights* possíveis e as perguntas de reflexão (no máximo duas) que gostaria que os seus alunos explorassem numa unidade temática que você vai ensinar. Como está planejando capacitá-los para se envolverem em reflexão nesse tópico?

DICA Muitas vezes, é difícil encontrar *insights* e perguntas de reflexão para a lição de um determinado dia. Organize várias lições numa unidade para ter material suficiente com o qual desenvolver explorações sobre questões e ideias importantes.

CAPÍTULO 6

PROMOVER EXCELÊNCIA ATRAVÉS DA AÇÃO

A relação entre aluno e matéria de estudo deve ser caracterizada não só por envolvimento, mas também por **excelência**. Essa excelência manifesta-se mais claramente naquilo que o aluno *faz* com aquilo que aprendeu – o modo como aprendeu é aplicado para além da sala de aula. Em outras palavras, **a excelência da nossa aprendizagem vê-se melhor na nossa ação, e ação refere-se à aplicação a longo prazo e no mundo real daquilo que aprendemos.**

Excelência no século XXI

Em Aprendizagem Refrativa, **excelência** significa esforçar-se por adquirir uma compreensão mais completa do mundo à nossa volta *para* aplicar nele os nossos conhecimentos, habilidades e compreensão.

Nunca foi mais importante do que agora que as escolas aspirem à excelência. Os nossos alunos estão terminando os seus cursos numa época em que a humanidade está à beira da Quarta Revolução Industrial, que Klaus Schwab, fundador e presidente do Fórum Econômico Mundial, considera um tempo de grande perigo, mas também de grande promessa. É um momento crucial no qual a humanidade tem que trabalhar em conjunto para aprender a usar as novas tecnologias de uma maneira que melhore o estado do mundo e promova a nossa humanidade em vez de a diminuir (Schwab, 2016).

Para preparar os alunos para este tipo de futuro, devemos estabelecer uma ligação explícita entre excelência e ação que esperamos que eles assumam para construir um futuro melhor para todos. Afinal de contas, **o objetivo último da Aprendizagem Refrativa é a Excelência na Ação.**

> **Conexão Inaciana**
>
> **Sobre a Ação:** "Para Inácio, a maior prova do amor é aquilo que uma pessoa faz, não aquilo que diz. 'O amor mostra-se mais em ações, não em palavras.' O dinamismo dos *Exercícios Espirituais* era precisamente o de permitir que o exercitante descubra a vontade de Deus e a faça livremente. Do mesmo modo, também Inácio e os primeiros jesuítas estavam mais preocupados com a formação das atitudes, valores e ideais dos alunos de acordo com os quais eles tomariam decisões diante de uma grande variedade de situações. Inácio queria que os colégios jesuíticos formassem jovens capazes de contribuir inteligente e eficazmente para o bem da sociedade" (*Pedagogia Inaciana*, 1993, #59).
>
> **Sobre a Excelência:** O objetivo da educação jesuítica requer "uma formação completa e profunda da pessoa humana, um processo educativo de formação que pede excelência – um procurar exceder-se para realizar o potencial de cada um – que integra o intelectual, o acadêmico e todo o mais... O que é preciso é uma estrutura de investigação para encontrar uma maneira de lidar com os problemas e os valores complexos da vida, e professores capazes e dispostos a guiar essa busca" (*Pedagogia Inaciana*, 1993, #14).

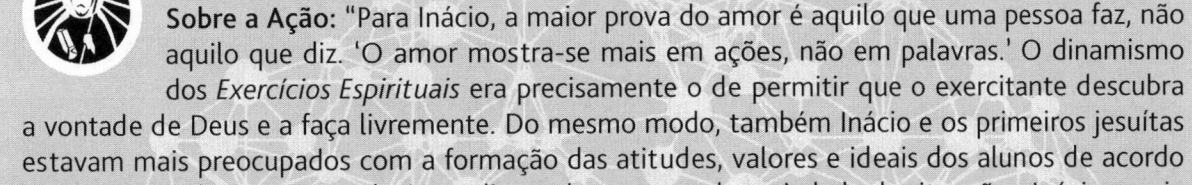

Por que ação?

Como vimos no Capítulo 3, aprender no século XXI envolve tanto a compreensão como a aplicação da aprendizagem. Aprender for refração não é apenas aprender por reflexão: também é sobre aprender através da ação.

Os alunos aprendem no próprio processo de aplicar a sua aprendizagem. Aprendemos à medida que usamos conteúdos e os aplicamos em situações para além do teste. O domínio de um conteúdo é tanto um efeito da aplicação como uma condição para a ela mesma.

Conexão Inaciana

"O termo 'ação' refere-se aqui ao crescimento humano interno baseado em experiência sobre a qual refletimos bem, assim como à sua manifestação exterior. Envolve dois passos:

1) Escolhas interiorizadas. Após refletir, o aluno considera a sua experiência de um ponto de vista pessoal, humano. À luz do entendimento intelectual da experiência e dos sentimentos envolvidos (positivos ou negativos), a vontade é movida. Os conteúdos percebidos e analisados conduzem a opções concretas. Essas podem ocorrer quando uma pessoa decide que tal verdade torna-se um ponto de referência, a atitude ou predisposição que vai influenciar todas as suas decisões. E pode adquirir a forma de um esclarecimento gradual das próprias prioridades. É neste momento que o aluno pode decidir assumir tal verdade, enquanto permanece aberto a respeito de onde ela o pode conduzir.

2) Escolhas que se manifestam exteriormente. Com o tempo, esses significados, atitudes e valores que foram interiorizados e que fazem agora parte da pessoa impelem o aluno a agir, a fazer algo coerente com suas convicções. Se o significado foi positivo, é provável que o aluno procure fortalecer as condições ou circunstâncias nas quais a experiência original ocorreu. Por exemplo, se o objetivo da Educação Física foi atingido, o aluno se sentirá motivado a fazer algum tipo de exercício físico no seu tempo livre. Se ela adquiriu um gosto pela História ou Literatura, o aluno tomará a decisão de dar mais tempo à leitura... Se há maior sensibilidade às necessidades dos pobres após experiências de serviço em áreas de marginalização, e mais reflexão sobre essas experiências, isto poderá influenciar a escolha de carreira ou trabalho de voluntariado... Por exemplo, se o estudante é agora mais consciente das causas de seu fracasso escolar, poderá decidir melhorar os seus hábitos de estudo para evitar repetir os insucessos" (*Pedagogia Inaciana*, 1993, #62).

Desta forma, o elemento da ação centra-se na transformação interior do aluno que se espera que acompanhe a aprendizagem, e na expressão a longo prazo que essa transformação deverá produzir na vida do aluno.

Quando a aprendizagem não se transfere

Em "Escolhas Manifestadas Exteriormente" (*Pedagogia Inaciana*, #62) encontramos exemplos de transferências de conhecimento bem-sucedidas. Outros exemplos de AÇÃO bem-sucedida são situações em que os alunos analisam e avaliam dados estatísticos ou afirmações científicas em anúncios publicitários ou quando encontram informações *on-line* para verificar a veracidade de certas afirmações que aprenderam em Ciências, Matemática e/ou Inglês.

Em contrapartida, aqui estão alguns exemplos de alunos que estudam arduamente e que de fato têm um bom desempenho nos testes, mas que isso não se traduz em capacidade de aplicar o que aprenderam para além das aulas.

Anita é uma aluna excepcional no 5º ano: ela toma nota de tudo que é explicado nas aulas de Matemática, realiza todas as tarefas e é aprovada em todos os testes. No entanto, a sua mãe está espantada ao notar como ela, apesar de ter tão bom desempenho na disciplina de Matemática, não consegue calcular o custo das compras na mercearia e tem dificuldade em verificar se recebeu o troco certo.

Benny teve nota máxima no seu texto sobre o papel e responsabilidade dos jovens na promoção de justiça social. No entanto, ele não se dá ao trabalho de acompanhar as notícias, e diz que é demasiado novo para ter que se preocupar com os problemas sociais da comunidade.

Cathy e as suas amigas fizeram uma excelente apresentação sobre medidas concretas que os adolescentes podem adotar para proteger o meio ambiente. No entanto, após uma refeição na cantina, elas não separam nem depositam o lixo nos latões de reciclagem apropriados que estão a apenas alguns metros da sua mesa.

Como podemos planejar as nossas aulas de forma a que a **excelência não se reduza a notas, mas antes se manifeste em aplicações de aprendizagem autênticas – ou em ação**?

Incorporar ação na unidade temática

O professor que **planeja** a experiência de aprendizagem e que **facilita** reflexão entre os alunos tem uma terceira função: **treinar** para a ação, dando oportunidades aos alunos de aplicar aquilo que aprenderam e de receber *feedback* útil que os ajude a melhorar o seu trabalho.

Os professores devem fazer um esforço para dar amplo tempo para a transferência de aprendizagem dos alunos. Quando não se faz um planejamento deliberadamente em vista à aplicação numa unidade temática, os alunos acabarão por não ter oportunidade de aplicar o que aprenderam.

Se os professores têm realmente intenção de assegurar que os seus alunos são capazes de transferir a sua aprendizagem, devem estar dispostos a fazer o seguinte:

▸ Formular **objetivos de ação** como parte dos objetivos educativos de uma unidade temática. Objetivos de ação são aplicações para além da sala de aula daquilo que se aprendeu. Tal como no caso de *insights* e perguntas de reflexão, a menos que os objetivos de ação sejam explicitamente articulados, é muito provável que a ação acabe por não acontecer.

▸ Garantir que os objetivos de ação estejam relacionados aos possíveis *insights* formulados para reflexão. Uma aplicação de aprendizagem eficaz não é possível sem a compreensão que se consegue através da reflexão.

▸ Planejar **avaliações autênticas** que vão dar aos alunos oportunidades de praticar e aplicar "no mundo real" o que aprenderam, isto é, aplicações em contexto que requerem desempenhos mais complexos. Crucial para a inserção de ação numa unidade temática é o planejamento das avaliações. Avaliações autênticas são um elemento essencial porque, durante o ensino da unidade temática, precisamos de elementos que provem que os alunos alcançaram os objetivos de ação, e que serão capazes de aplicar o que aprenderam eficazmente a longo prazo.

Formular objetivos de ação

Ação refere-se à aplicação a longo prazo no mundo real daquilo que uma pessoa aprendeu. Para garantir que a aprendizagem de nossos alunos seja orientada à ação, e não apenas aos exames, os professores precisam formular objetivos de ação e planejar avaliações que sejam apropriadas para eles.

O que é um **objetivo de ação**?

Sabemos que os resultados da aprendizagem deveriam incluir não apenas conhecimentos, habilidades e atitudes, mas também *insights*. Mas se o professor leva a sério o objetivo da ação, esses resultados de aprendizagem não são suficientes. O professor também deve formular objetivos de ação.

Um objetivo de ação nos diz por que uma determinada unidade temática é importante. Ele identifica uma aplicação de aprendizagem no mundo real e explica como o conhecimento, as habilidades e as compreensões desejadas podem ser úteis no mundo real. Um objetivo de ação nos diz quais os desafios **complexos**, **significativos** e **de longo prazo** o estudante deve ser capaz de realizar na disciplina e no mundo real.

Por exemplo, uma unidade em uma gramática sobre os adjetivos e os advérbios é importante para que os alunos sejam capazes de comunicar com eficácia descrições de pessoas, lugares, eventos e os seus sentimentos e ideias sobre estes. Muito depois de terem esquecido os termos técnicos, os estudantes devem ser capazes de continuar a usar estes modificadores de forma apropriada e eficaz.

Este é um exemplo de um objetivo de ação numa unidade sobre boa forma física em uma aula de Educação Física: desenvolver um projeto pessoal de manutenção da forma física que seja factível e sustentável. Isto é um objetivo de ação porque é muito mais importante do que passar em qualquer teste de aptidão física na aula ou responder a exames em Educação física sobre grupos de músculos. Trata-se de um compromisso com a boa forma física na "vida real".

Sem identificar um objetivo de ação para a unidade temática, o professor vai muito provavelmente acabar usando avaliações e experiências de aprendizagem focadas apenas nos conhecimentos, competências e compreensão desejados – em detrimento da aplicação. É possível que uma aplicação real da aprendizagem possa ainda acontecer, mas não deliberadamente planejada e simplesmente deixada ao acaso.

LITERATURA

Analisar um texto usando elementos formais como cenário, trama, personagens, tema etc.

Mostrar compreensão e apreço por um determinado texto mediante as convenções do seu gênero e proporcionar uma interpretação bem fundamentada com base no seu conteúdo e forma.

Interpretar um conto através do seu tema.

LINGUAGEM

Escrever um ensaio expositivo e organizado usando frases temáticas claras e concisas, bem como principais chaves de apoio.

Saber comunicar-se eficazmente em vários estilos e meios usando linguagem apropriada a uma vasta gama de situações, e levando em conta o propósito e o público-alvo de cada uma.

Escrever eficazmente fazendo uso de um repertório de estratégias (tais como comparação e contraste, causa e efeito etc.).

CIÊNCIA

Saber reconhecer padrões com base em observação e formular hipóteses a partir de dados disponíveis.

HISTÓRIA

Elaborar a melhor narrativa interpretativa possível de um evento histórico com base em elementos de evidência incompletos e aparentemente contraditórios.

Identificar o significado e as características-chave de determinados períodos históricos analisando a cronologia e inter-relação dos eventos mais importantes.

MATEMÁTICA

Saber avaliar informações estatísticas de acordo com a sua fonte, finalidade, método, objetividade e consistência.

Formular e analisar modelos matemáticos válidos e manejáveis que representem situações do mundo real.

EDUCAÇÃO RELIGIOSA

Desenvolver uma compreensão crescente da pessoa, vida e missão de Jesus, e construir uma relação pessoal com ele para que se converta em um modelo para a própria vida.

Saber rezar usando es escrituras.

Saber interpretar uma determinada passagem bíblica baseando-se na investigação bíblica e nas próprias experiências.

Tabela 6.1: Exemplos de objetivos de ação de acordo com as disciplinas

Relacionar objetivos de ação com *insights*

Os objetivos de ação se relacionam melhor com os *insights* que esperamos que os nossos alunos alcancem como resultado da sua reflexão. A aplicação daquilo que aprenderam requer uma flexibilidade no pensamento que só se consegue com reflexão. A aplicação eficaz da aprendizagem no mundo real requer decisões estratégicas cuidadosas sobre quais conhecimentos e habilidades usar – onde e quando, e como fazer melhor uso delas em determinados contextos. Os diferentes fatos e habilidades só podem ser transferidos para contextos distintos através dos *insights* obtidos da reflexão.

É possível, por exemplo, memorizar todas as características que permitem aos animais se adaptarem aos seus hábitats, mas como e quando usar realmente esse conhecimento pode ser limitado. No entanto, a ideia de que em um bom plano "a forma segue a função" pode aplicar-se a outras formas da natureza, assim como a áreas como arquitetura ou engenharia.

Outro exemplo de *insight* é: "A comunicação eficaz implica elaborar uma mensagem tendo em vista os destinatários e sua finalidade". Este é um *insight* com enormes implicações. Uma pessoa que entenda a importância de adaptar o seu texto a um público e finalidade específicos certamente será capaz de comunicá-lo mais eficazmente do que alguém que simplesmente segue o mesmo modelo para a redação de parágrafo sem essa compreensão.

Por isso, não é possível aplicar a aprendizagem sem compreensão.

A ação é, de fato, o objetivo final da reflexão.
Sem a sua expressão na ação,
a reflexão seria "um processo truncado"
(*Pedagogia Inaciana*, 1993, #60).

ATIVIDADE
CONECTE-SE ao CONTEXTO

Pense num tópico que tenha ensinado. Tente formular objetivos de aprendizagem desejados não apenas em termos de conhecimentos, habilidades e atitudes, mas também em termos de reflexão e ação. Lembre-se de que os *insights* e objetivos de ação devem ser relacionados com conhecimentos, habilidades e atitudes desejados. Idealmente, os *insights* e objetivos de ação implicam o uso de conhecimentos, habilidades e atitudes.

	OBJETIVOS DE APRENDIZAGEM
CONHECIMENTO	
HABILIDADES	
ATITUDES	
POSSÍVEIS *INSIGHTS* E PERGUNTAS DE REFLEXÃO	
OBJETIVOS DE AÇÃO	

Definição das evidências de aprendizagem

Os professores têm que determinar as evidências que indicam que seus alunos alcançaram os objetivos de aprendizagem desejados para uma determinada matéria de estudo. Um professor pode querer responder a estas perguntas:

- "Como seria visto e ouvido que se tenha aprendido X?"
- "Que produto(s) ou desempenho(s) observáveis dos alunos podem inferir que eles de fato aprenderam X?"

Não é possível enfatizar a importância desses indicadores para pôr em prática a ação: se os objetivos de ação forem formulados adequadamente como desafios importantes com os quais os estudantes devem ser capazes de lidar no mundo real, tornar-se-á muito claro para os professores de que tipo de avaliações precisam para verificar se esses objetivos foram de fato alcançados. Por sua vez, isto guiará os professores sobre o modo como devem levar a cabo as aulas.

Se as evidências de aprendizagem desejadas não forem claras a partir dos resultados de aprendizagem, os professores não serão eficazes porque não terão clareza em relação àquilo para o qual estão planejando.

Um importante princípio no planejamento de avaliações é o que Wiggins (2006) chama "analogia criminal": deve presumir que os alunos são inocentes do delito de aprendizagem a menos que se prove serem culpados para além de qualquer dúvida razoável. A menos que os alunos sejam capazes de demonstrar os elementos identificados como constituindo prova satisfatória de que houve aprendizagem, o professor deve presumir que não aprenderam a matéria.

Aqui temos que falar sobre a questão da validade. O professor deve assegurar-se de que avalia a aquisição dos objetivos de aprendizagem desejados. Existem diferentes tipos de objetivos de aprendizagem e estes devem ser avaliados de formas distintas. Um teste com resposta curta ou respostas convergentes de múltipla escolha pode avaliar satisfatoriamente objetivos em nível de conhecimento, mas não será uma forma de avaliação adequada ou válida para objetivos de ação.

Idealmente, as evidências de aprendizagem são reunidas não apenas através de uma única avaliação, mas de *várias* avaliações. Seria melhor se planejássemos avaliações suficientes para reunir não apenas uma fotografia instantânea da aprendizagem dos alunos, mas, por assim dizer, um álbum cheio delas.

Claro que, por avaliações, não nos referimos apenas aos meios formais de avaliação "com notas". Aqui "avaliações" referem-se a qualquer tarefa que permita aos professores determinar se os alunos aprenderam – ou então em processo de aprender – aquilo que é suposto que tenham que aprender.

Avaliar para a compreensão e aplicação

É importante "medir aquilo que consideramos valioso." Avaliamos aquilo que consideramos aprendizagem valiosa e resistimos à tentação de avaliar simplesmente aquilo que é mais fácil de avaliar. É claramente mais fácil dar notas em testes objetivos, por exemplo, mas será que os testes objetivos nos permitem avaliar aquilo que consideramos mais importante nessa unidade temática?

Os nossos alunos seguem o exemplo dos professores no que consideram mais significativo e valioso. É muito provável que os alunos que não se deem ao trabalho de aprender as coisas que sabem não serão avaliadas pelos professores. Na melhor das hipóteses, vão apenas aprender essa matéria com falhas, ideias erradas e pouco ou nenhum sentido do seu valor e aplicação.

Apresentamos aqui três ideias erradas sobre avaliação de reflexão e ação:

#1: Só avaliamos o que podemos medir.

De fato, avaliar a aprendizagem não significa necessariamente *medi-la*. Desde que sejamos capazes de fazer uma inferência válida sobre o fato de que o aluno aprendeu, aquilo que é avaliado não necessita ser quantificável. Não é possível medir todos os tipos de aprendizagem no sentido mais restrito do termo, mas há sempre maneiras de podermos fazer inferências válidas sobre até que ponto os objetivos de aprendizagem foram alcançados (Diagrama 6.1).

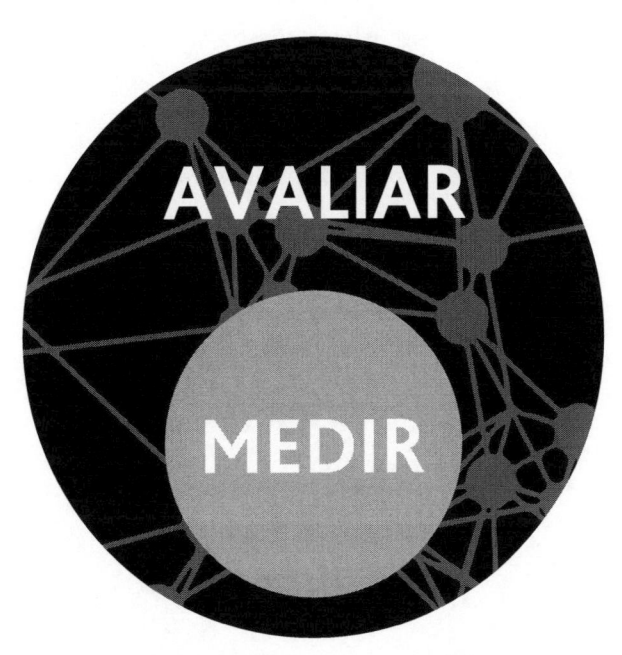

Diagrama 6.1: Avaliação *vs.* medição

#2: Não precisamos avaliar a compreensão nem a aplicação de aprendizagem dos nossos alunos. Se a aprendizagem que queremos deve estar guiada por reflexão e orientada à ação, as nossas avaliações principais devem focar-se tanto nos *insights* como nos objetivos de ação que formulamos para cada unidade temática. Na verdade, uma vez que a compreensão e aplicação são os elementos que definem aprendizagem refrativa, devemos assegurar-nos de que estão incluídas na avaliação para além do trio de objetivos habitual (conhecimentos, habilidades e atitudes). Para ter certeza de que os nossos alunos aprendem por reflexão e ação, devemos planejar as nossas avaliações de forma a averiguarem a compreensão de possíveis *insights* e a probabilidade de que os estudantes possam alcançar os objetivos de ação, quando necessário.

#3: Não é possível avaliar objetivos de ação a longo prazo. Os objetivos de ação devem referir-se ao modo como esperamos que os alunos usem e apliquem a sua aprendizagem no mundo real; mas, só porque são a longo prazo, não devemos pensar que não precisamos ou não podemos avaliá-los. É obrigação do professor encontrar formas de avaliar essas aplicações a longo prazo no mundo real *aqui e agora*. Os professores não podem planejar avaliações que simplesmente pedem aos alunos que "vomitem" nos tradicionais exames escritos aquilo que memorizaram. Pelo contrário, as avaliações devem permitir aos alunos demonstrar aquilo que conseguem fazer com o que aprenderam em contextos de mundo real.

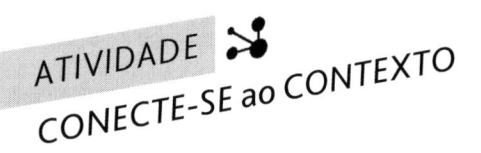

ATIVIDADE
CONECTE-SE ao CONTEXTO

Consegue pensar em alguma coisa que tenha aprendido na sua área de estudo que pareça não ser possível avaliar? Relembre avaliações que possam ajudar você a fazer inferências válidas sobre a aquisição desses objetivos de aprendizagem.

As seguintes perguntas podem ajudar:

▸ *Que produto ou desempenho factível pode ser a melhor forma de avaliação que nos permita inferir a aprendizagem e a sua aplicação provável na vida real?*

▸ *Que condições demonstráveis (qualidades, conceitos, teorias) são necessárias para que o uso da aprendizagem desejada se dê no futuro – por exemplo, um desempenho ou produto que requeira que o aluno demonstre que pelo menos tem "aquilo que é preciso" para usar/aplicar a aprendizagem?*

Planejar avaliações autênticas

Os professores precisam planejar tarefas para que os estudantes possam avaliar validamente a probabilidade de que sejam capazes de realizar os desafios a longo prazo e que valham a pena, articulados aos objetivos de ação. Essas devem ser avaliações autênticas, nas quais as tarefas se assemelhem aos contextos e desafios do mundo real, e envolvam desempenhos complexos em um contexto.

A maior parte dos professores está habituada a dar aos estudantes questões fora de contexto, claramente definidas e marcadas artificialmente. Para os resultados de aprendizagem mais importantes, é mais útil dar aos estudantes problemas mal definidos com toda a sua complexidade e ambiguidade.

Compare estas duas tarefas:

- **Tarefa de Avaliação A:** Leia este parágrafo e sublinhe a frase mais importante para o tema.
- **Tarefa de Avaliação B:** Escreva uma carta clara e eficaz a uma agência governamental pedindo informações. Sublinhe a frase-chave para o tema. (Dica: Use aquilo que aprendeu sobre como construir e localizar estrategicamente as frases-tema!).

A tarefa A é um exercício bastante fácil que implica um desempenho simples e fora de contexto: identificar a frase-chave num determinado parágrafo. Apesar de parecer uma forma adequada de testar se os alunos sabem o que é uma frase tópico, esta não é uma tarefa necessária no mundo real.

A atividade B, em contrapartida, dá aos alunos uma tarefa de mundo real: todos nós precisamos saber construir comunicações eficazes. A tarefa B é uma performance mais complexa: construir uma frase tópico eficazmente e decidir onde melhor se enquadra na nossa carta de forma a causar o maior impacto possível.

É melhor pensar em aplicações que envolvam desempenhos complexos em contexto e aplicações simples fora de contexto como dois opostos de um traço contínuo. Ambas têm o seu valor. Ao planejar que tipo de avaliação é adequado, o professor deve tomar a decisão com base no objetivo de aprendizagem que quer avaliar, e tendo em vista possibilidades e limites da sua situação de ensino (por exemplo, limitações de tempo).

Por exemplo, a tarefa B tende mais para o lado direito do contínuo, mas não é ainda uma avaliação autêntica. Apesar de ser mais autêntica do que a tarefa A, ainda lhe faltam alguns ingredientes necessários a uma avaliação autêntica.

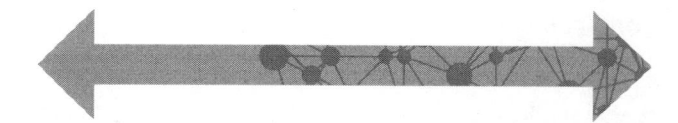

**Desempenho simples
e fora de contexto**
(Avaliação inautêntica)

**Desempenho complexo
e em contexto**
(Avaliação autêntica)

Diagrama 6.2: Avaliação em escala contínua

Os quatro ingredientes das avaliações autênticas

Uma avaliação autêntica bem desenhada requer um desempenho complexo porque tem um contexto autêntico que reflete toda a desordem e os desafios que encontramos no mundo real.

Ao criar um contexto de mundo real para a avaliação, é útil assegurar que os seguintes ingredientes de avaliações autênticas estejam claramente definidos (Diagrama 6.3):

- **DESAFIO:** Quais são o **problema**, o **propósito** que o estudante tem ao abordar o problema, bem como o **produto** ou **desempenho** que se espera dele?

- **COMUNIDADE:** Para quem o estudante aborda o **desafio**? Quem é o seu **público, beneficiário,** ou **usuário final**? Qual é o **papel** do estudante em relação a essa comunidade?

- **CONTEXTO:** Quais são os **limites** que o mundo real impõe? A maioria das situações com que nos deparamos fora da sala de aula é confusa (não adequadamente estruturada), com dados incompletos e às vezes contraditórios. Além disso, quais são os **padrões** normalmente usados no mundo real para avaliar esses produtos ou desempenhos (por exemplo, nas disciplinas em questão)?

- **CONTEÚDO:** A ação deve ancorar-se na reflexão porque uma aplicação eficaz da aprendizagem tem nas suas raízes em uma compreensão correta. Qual é o *insight* subjacente que guia a aplicação – as estratégias escolhidas (o "como") e as razões para elas (o "porquê")?

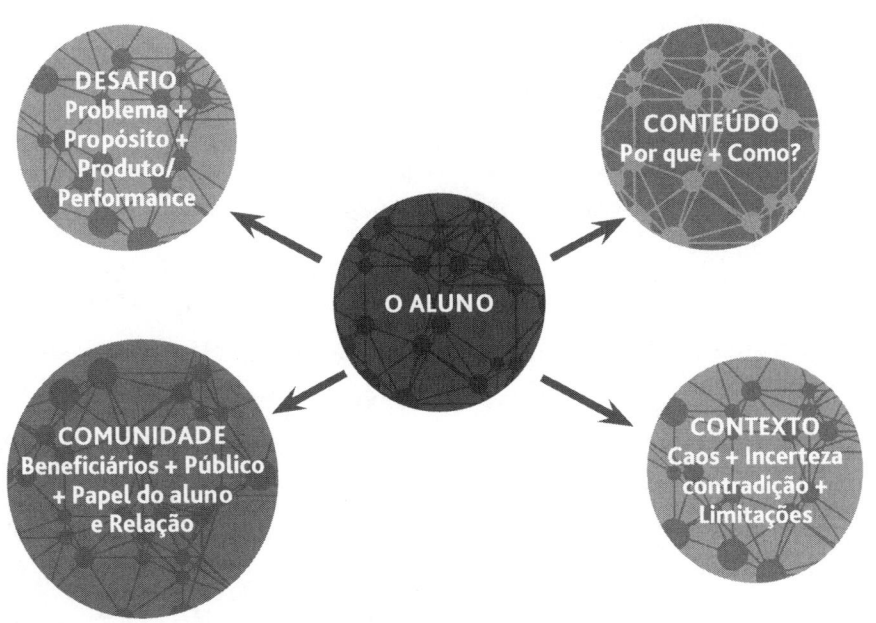

Diagrama 6.3: Os 4 Cs da avaliação autêntica

Esses quatro ingredientes (Cs) servem como guia útil para o planejamento de avaliações autênticas. Note como o seu uso transforma uma avaliação inautêntica numa avaliação autêntica.

Este é um exemplo de uma avaliação inautêntica: "Cante uma canção do musical *Hamilton* para apresentar os debates nos quais os fundadores estavam envolvidos".

Esta avaliação não só não é autêntica, como também não é válida porque aquilo que acaba por avaliar não é a compreensão dos assuntos, mas o talento musical do aluno que canta a canção. Não está alinhada com os resultados de aprendizagem desejados.

A tarefa pode ser transformada numa avaliação autêntica usando os 4 Cs, como neste segundo exemplo: "Num texto de uma página, responda à seguinte questão: Se você fosse Alexander Hamilton, como convenceria os seus colegas a rejeitar a visão da América de Thomas Jefferson e a aceitar a sua? A sua resposta deve mostrar uma compreensão adequada aos problemas da época, bem como a sua apreciação das personalidades envolvidas".

O segundo exemplo é autêntico porque tem os quatro ingredientes de uma avaliação autêntica:

a) Desafio: O problema e o propósito são articulados claramente. Há um desentendimento entre Hamilton e Jefferson e o propósito do aluno é convencer os seus colegas políticos a tomar a posição de Hamilton. O produto é um texto de uma página.

b) Comunidade: O público também é identificado: os políticos companheiros de Hamilton e Jefferson que estavam envolvidos nos debates. O papel do aluno é claramente o de Alexander Hamilton ou um dos seus aliados.

c) Contexto: A dificuldade mais importante no mundo real é que o problema não tem uma solução óbvia ou uma única resposta verificável. Tal como nas questões complexas da vida real, o problema de qual visão da América é "certa" só pode ser resolvida fazendo uso do nosso juízo que necessita ser apoiado. Há muitas ocasiões no mundo nas quais temos que construir e apresentar a um determinado público um argumento convincente.

O professor pode assegurar-se de que são usados *standards* do mundo real ao determinar a qualidade do argumento do aluno no texto pedindo ajuda a peritos ou historiadores.

d) Conteúdo: Escrever um texto vai envolver conhecimento dos fatos conhecidos sobre as posições dos dois homens, assim como suas biografias. Idealmente, o texto deve demonstrar um *insight* que tenha emergido da lição. Por exemplo: "Quando olhamos para o passado, temos uma visão perfeita: é difícil prever o futuro e é muito mais fácil saber o que é certo depois que tenha ocorrido". Um estudante pode demonstrar essa compreensão mostrando empatia e respeito pela sabedoria de Hamilton e de Jefferson, e evitando rejeitar demasiadamente fácil as opiniões deles.

ATIVIDADE
VERIFIQUE a sua COMPREENSÃO

Verdadeiro ou falso	
	1. Devemos evitar avaliações escritas quando queremos verificar os resultados de aprendizagem que consideramos mais valiosos. As avaliações principais devem ser sempre alternativas.
	2. As avaliações autênticas envolvem sempre mais trabalho e incluem um público real; normalmente, são mais difíceis de realizar devido a questões logísticas.

Respostas:
1. Falso. Avaliações autênticas bem concebidas podem ser feitas usando métodos tradicionais (ver exemplo). O que é importante é que o professor selecione o tipo de avaliação apropriado aos objetivos de aprendizagem a serem avaliados. A pergunta fundamental não é: "Esta é uma avaliação escrita ou alternativa?", mas "Esta avaliação dará indícios de se terem atingido os objetivos de aprendizagem?".
2. Falso. As avaliações autênticas não precisam ser produções grandiosas. O que importa não são os "efeitos especiais" de uma tarefa, mas aquilo que é pedido ao aluno e saber se essa tarefa permite ou não ao professor inferir se o aluno atingiu os objetivos de aprendizagem.

ATIVIDADE
ASSUMA um PEQUENO DESAFIO

▶▶ Como você pode usar os 4 Cs como uma lista de tarefas para tornar mais autêntica a tarefa de avaliação abaixo?

Tarefa de avaliação: Escreva uma carta clara e eficaz a uma organização governamental pedindo alguma informação (Dica: Use o que você aprendeu sobre frases-chave cuidadosamente construídas e estrategicamente localizadas!).

ATIVIDADE
CONVERSE com COLEGAS

▸▸ Pense numa das principais formas de avaliação que esteja usando atualmente.

O que as suas avaliações revelam sobre o modo como você vê a aprendizagem e sobre as práticas de ensino dominantes na sua escola?

⟵─────────────⟶

Desempenho simples e fora de contexto
(Avaliação inautêntica)

Desempenho complexo e em contexto
(Avaliação autêntica)

Como pode alterar uma dessas avaliações de forma a torná-la mais relevante e de mundo real? Você pode responder definindo um ou todos os 4 Cs das avaliações autênticas.

DESAFIO	COMUNIDADE	CONTEXTO	CONTEÚDO
Problema, propósito, produto/*performance*	Público + usuário final papel do aluno	Limitações do mundo real + padrões de qualidade do mundo real	*Insight*(s) subjacente(s)

Para criar aplicações mais eficazes

Estas são algumas perguntas de planejamento que devemos fazer:

▸ Dada uma determinada unidade ou tópico, o que se consideraria como **desafios** a longo prazo, significativos e complexos, diante dos quais se pode usar o aprendido nesta disciplina e no mundo real?

▸ Que produto ou *performance* deveríamos planejar para permitir aos alunos demonstrar aqui e agora os indícios de aprendizagem que identificamos?

A primeira pergunta desafia-nos a construir avaliações autênticas e válidas, enquanto a segunda garante que as nossas avaliações são factíveis e possíveis de alcançar.

As avaliações eficazes são:

▸ **ALINHADAS:** As avaliações devem ser válidas. Devem avaliar os indícios específicos de aprendizagem definidos pelos resultados correspondentes.

▸ **AUTÊNTICAS:** As avaliações devem ser úteis ou relevantes. O produto ou desempenho exigido aos alunos reflete contextos e desafios do mundo real?

▸ **ALCANÇÁVEIS:** A avaliações devem ser factíveis. Podem ser implementadas e corrigidas de forma apropriada e razoável, considerando o número de alunos por classe etc.?

ATIVIDADE
VERIFIQUE a sua COMPREENSÃO

▸▸ Quais das seguintes características descreveriam uma avaliação eficaz?

A. Pode ser implementada e corrigida de forma razoavelmente realística.

B. Tem um contexto de mundo real, com objetivos, papéis, público e produto/*performance* claros.

C. Avalia os objetivos de forma válida.

D. Pode ser por escrito.

E. Todas as respostas anteriores.

Resposta: E

AVALIAÇÕES AUTÊNTICAS e/ou ALTERNATIVAS

Este é um engano comum: **as avaliações autênticas são avaliações alternativas. Avaliações alternativas** são tarefas que não fazem uso de papel e caneta; por exemplo, projetos, apresentações e desempenhos.

Correção: Avaliações autênticas não têm que ser necessariamente avaliações alternativas. É possível conceber um teste de papel e caneta que tenha todos os ingredientes de uma avaliação autêntica. Desde que uma avaliação tenha um contexto de mundo real e exija um desempenho complexo, ela não é menos autêntica, mesmo que seja apenas uma simulação. A análise de um caso usando papel e caneta, por exemplo, pode exigir uma decisão estratégica sobre quais conhecimentos, competências e compreensões usar e sobre como os usar dependendo da situação.

Em que circunstâncias é melhor planejar **avaliações autênticas alternativas**? Um professor pode escolher usar uma tarefa autêntica alternativa para culminar uma avaliação, tendo em atenção o que será descrito a seguir.

Retorne ao exemplo de avaliação autêntica sobre Alexander Hamilton. Não é alternativa, e requer apenas que os alunos entreguem um texto escrito.

É autêntica porque, como vimos antes, possui os quatro ingredientes de uma avaliação autêntica.

Primeiro, o projeto deve **acrescentar valor** para que o tempo e energia gastos com ele valham a pena. Os alunos ganharão alguma aprendizagem adicional se essa avaliação fosse de tipo alternativo? A comunidade se beneficiaria de forma significativa com isso? Se não, sugerimos que o professor use avaliações não alternativas.

Segundo, idealmente, as avaliações alternativas autênticas são **interdisciplinares**. Uma possível justificativa para tentar formas alternativas de avaliação é quando são desenhadas para avaliar aprendizagem de várias disciplinas e áreas de estudo. O valor acrescentado que se ganha quando se propõe uma avaliação interdisciplinar é que, no mundo real, os problemas raramente requerem uma compreensão fragmentada ou uma abordagem monodisciplinar. Por esta razão, as avaliações interdisciplinares tornam-se mais autênticas.

No entanto, as avaliações interdisciplinares devem ter **rubricas específicas à disciplina**, por exemplo, critérios de pontuação para indícios de aprendizagem peculiares a cada área de estudo ou disciplina. Afinal de contas, espera-se que o professor de uma disciplina avalie coisas diferentes de outra.

ATIVIDADE
ASSUMA um PEQUENO DESAFIO

Pense numa lição ou tópico para o qual possa planejar uma avaliação interdisciplinar **autêntica** e **alternativa** com outra área de estudo. Como seria essa avaliação? Que rubricas seriam utilizadas? Use os 4 Cs como guia para garantir que seja autêntica.

CAPÍTULO 7

DESENVOLVER O EMPODERAMENTO ATRAVÉS DA EXPERIÊNCIA

A relação ideal entre professor e aluno é definida não só pela empatia, mas também pelo **empoderamento**.

Diagrama 7.1: Empatia e empoderamento

Os alunos sentem-se valorizados como são quando os professores mostram ter empatia para com cada um deles. Mas os professores também precisam empoderar os alunos para fazer com que eles mesmos desejem desenvolver o seu máximo potencial. Spencer (2018) define o empoderamento do aluno como "o compromisso dos estudantes para além do sentir-se de posse da sua aprendizagem".

Os professores empoderam os alunos encorajando-os a serem responsáveis pela sua aprendizagem e construindo a sua capacidade de se desenvolverem. Empoderar alunos significa armá-los com uma mentalidade e habilidades que podem fazer com que se tornem alunos autodirigidos e autossuficientes. Trata-se de ajudá-los a "aprender a aprender". Isto inclui cultivar "o hábito, a confiança e o prazer de aprender" (Claxton, 2009, p. 108).

ATIVIDADE
ASSUMA um PEQUENO DESAFIO

Uma forma de empoderar os alunos e ajudá-los a "aprender a aprender" é definir um **objetivo ambicioso** e supervisionar seu progresso em direção a ele. Um objetivo ambicioso é algo que ainda não são capazes de fazer, mas que é possível aprender com trabalho árduo e prática. Dito de outro modo, é um desafio que só pode ser superado quando a pessoa aprende algo novo e o domina. Um exemplo para um leitor que enfrenta dificuldades por falta de vocabulário poderia ser completar a leitura de um livro por semana.

Faça que os seus alunos estabeleçam objetivos ambiciosos durante um período específico (por exemplo, ao longo de uma unidade temática, uma semana, um semestre). Um objetivo ambicioso deve ser desafiador, mas possível de alcançar com a sua ajuda, e com perseverança por parte dos alunos. O objetivo ambicioso pode ser:

- Comportamental (exemplo: "Vou saber onde estão e organizar as minhas coisas").
- Acadêmico (exemplo: "Vou dominar a simplificação de expressões de álgebra em duas semanas").
- Pessoal (exemplo: "Vou aprender a tocar piano em três meses").

À medida que você e os seus alunos identificam os seus objetivos ambiciosos, questione-se: O objetivo ambicioso está dentro da zona de desenvolvimento próximo do aluno (Vygotsky, 1978)? A zona de desenvolvimento próximo fica entre a zona de conforto (na qual as tarefas têm pouco significado e facilmente se tornam aborrecidas) e a zona de crise (na qual as tarefas estão muito além do alcance da pessoa e apenas frustram o aluno). No meio delas, há uma zona na qual o aluno talvez não consiga ainda fazer uma tarefa, mas que vai conseguir com orientação, prática e persistência.

Lembre-se, com regularidade, de dar tempo para encorajar os alunos a refletir sobre o progresso deles, pedindo-lhes que apresentem provas (imagens, exemplos de trabalho etc.) desse progresso ou que identifiquem as razões pelas quais lhes custa alcançar esses objetivos. Isto irá ajudá-los a começar a compreender que as dificuldades e os fracassos são parte do esforço em direção a um objetivo e a assumir responsabilidade pela própria aprendizagem.

O que é uma experiência de aprendizagem empoderadora?

不聞不若聞之，聞之不若見之，見之不若知之，知之不若行之；學至於行之而止矣

– Xunzi, Provérbio Chinês

Este provérbio chinês costuma traduzir-se assim: "Diz-me e esquecer-me-ei; mostra-me e talvez me lembre; envolve-me e compreenderei". Para aprender algo é melhor que os alunos não sejam simplesmente ouvintes e que o professor não "ensine dizendo". Em vez disso, os alunos devem ser mais envolvidos: lidam diretamente com a matéria de estudo e fazem de fato algo com aquilo que aprenderam.

Uma experiência capacitadora cria um espaço para a aprendizagem ativa e interativa: os alunos estão equipados não só com conhecimentos e habilidades, mas com os principais *insights* e desempenhos de que precisarão quando situações futuras e novos problemas ou desafios exigirem o uso do conhecimento adquirido.

Conexão Inaciana

Este envolvimento da pessoa toda é capturado pelo que a palavra "experiência" significa para Inácio de Loyola (*Pedagogia Inaciana*, 1993, #42-43):

"Para Inácio, experiência significa 'saborear algo internamente'. Em primeiro lugar, isto pede conhecimento dos fatos, conceitos e princípios. Isto requer que uma pessoa examine a conotação e o sentido implícito das palavras e eventos, que analise e avalie ideias, que raciocine. Só com uma compreensão precisa daquilo que está a ser considerado é que se pode proceder a uma apreciação válida do seu significado. Mas a experiência inaciana vai além da mera compreensão intelectual. Inácio convida a pessoa toda – mente, coração e vontade – a entrar na experiência de aprendizagem. Ele encoraja o uso da imaginação e dos sentimentos, bem como da mente na experiência. Assim tanto a dimensão afetiva como a cognitiva da pessoa humana são envolvidas, porque sem um sentir interno aliado à compreensão intelectual a aprendizagem não vai mover a pessoa a agir... Aqui o coração, bem como a cabeça, a pessoa em sua totalidade.

Desta forma usamos o termo EXPERIÊNCIA para descrever qualquer atividade que, juntamente com uma compreensão cognitiva da matéria a ser considerada, tem alguma sensação de natureza afetiva sentida pelo aluno. Em qualquer experiência, os dados são captados pelo aluno cognitivamente. Através de questionamento, imaginação, investigação dos seus elementos e relações, o aluno organiza a informação num todo ou numa hipótese. 'Que é isto?' 'Parece-se com alguma coisa que já sei?' 'Como funciona?' E mesmo sem uma escolha intencional dá-se uma reação afetiva concomitante. Por exemplo: 'Gosto disto'... 'Sinto-me intimidado por isto,' 'Nunca faço bem este tipo de coisas'... 'É interessante'... 'Fico aborrecido'".

Que tipo de experiências de aprendizagem devem os professores oferecer aos seus alunos? Como podem os alunos ser encorajados a envolverem-se e a aprenderem ativamente? Como pode a aprendizagem ser verdadeiramente guiada por reflexão e orientada à ação? Claramente, aulas que consistam exclusivamente em palestras e testes não serão suficientes.

É aqui que o papel do professor como planejador ocupa o primeiro lugar: como planejar a experiência do aluno de tal modo que sejam conduzidos, bem como empoderados, não só a obter conhecimento e competências desejados numa unidade temática, mas também: (a) a lidar por si mesmos com perguntas de reflexão e a "pensar alto os seus *insights*", e (b) a transferir a sua aprendizagem de forma independente em contextos novos do mundo real?

Em outras palavras, que tipos de experiências de aprendizagem levarão os alunos a refletir e finalmente a agir?

Conceber experiências empoderadoras

Um perito em planejamento curricular disse uma vez que uma mudança na avaliação resultaria numa mudança na docência. Imagine se os exames de admissão à universidade fossem testes de profundidade de compreensão em vez de quantidade de conhecimento? Ou se as universidades pedissem aos candidatos que apresentassem um portifólio dos seus trabalhos, que mostrassem pesquisa e investigação? O modo de instrução nas escolas secundárias iria certamente mudar para preparar os alunos para serem bem-sucedidos nesse tipo de avaliações.

O impacto que a avaliação tem sobre a instrução é a razão pela qual o processo de planejamento de trás para a frente recomenda identificar primeiro os objetivos e avaliações de cada unidade temática antes de pensar sobre que tipo de experiências de aprendizagem vamos proporcionar aos alunos. Esse processo contrasta com o processo de planejamento tradicional no qual se prepara a experiência de aprendizagem logo após se terem definido objetivos de aprendizagem sem ter em consideração avaliações apropriadas.

Assim, antes de planejar a experiência de aprendizagem, devemos pensar nestas três perguntas de planejamento:

1. CONTEXTO: De que conhecimentos prévios os alunos precisam para atingir os objetivos desta aula? Qual é o estado de ânimo dominante na turma, e quais são alguns dos interesses dos alunos que possam servir como trampolim para a experiência de aprendizagem?

2. REFLEXÃO: Que *insights* queremos que os nossos alunos tenham como resultado desta unidade temática?

3. AÇÃO: De que forma queremos que os alunos apliquem aquilo que aprenderam?

Não é possível enfatizar em demasia a importância de criar experiências de aprendizagem eficazes. É através desta experiência que o professor cria as condições que possibilitam a aprendizagem: ao juntar aquilo que os alunos já sabem "em termos de fatos, sentimentos, valores, *insights* e intuições" e ao guiá-los a estarem abertos a experiências e aprendizagem adicionais, o conhecimento dos alunos vai crescer "em plenitude e verdade" (*Pedagogia Inaciana*, 1993, #28).

Ambientes empoderadores

Há muito que os alunos se juntam à volta de fogueiras ou algum ponto de encontro, e se isolam no interior das grutas e saem em expedições de caça. Experimentaram todos esses ambientes de aprendizagem em equilíbrio; e se o equilíbrio é perturbado, a aprendizagem sofre.

- D. Thornburg (1999)

Antes de conceber a experiência de aprendizagem, os professores devem levar em consideração o **ambiente** no qual os alunos vão estar imersos. É o ambiente que define as possíveis oportunidades – bem como os limites – da aprendizagem. São ambientes que facilitam aprendizagem ativa e interativa?

O ambiente de aprendizagem inclui certamente o espaço físico, por exemplo, a localização, a disposição da sala de aula etc. Mas também nos referimos às oportunidades de aprendizagem tornadas possíveis pelo ambiente físico e pela tecnologia disponível. Por isso, antes de começar a planejar experiências de aprendizagem, é importante pensar sobre os ambientes de aprendizagem atuais e virtuais que queremos que os nossos alunos explorem.

Ambiente de aprendizagem refere-se aos espaços e oportunidades de aprendizagem (tanto físicos como virtuais) que esperamos tornar disponíveis para os nossos alunos e que serão a base da disposição física da sala de aula.

Inspirados por David Thornburg (1999), propomos quatro espaços de aprendizagem que promovem quatro tipos de aprendizagem. Os espaços de aprendizagem colocados à disposição dos nossos alunos devem depender do tipo de aprendizagem que queremos promover entre eles. Por exemplo, o ambiente físico e a abordagem pedagógica em que "o professor fala à frente e os alunos ouvem em silêncio" podem ser apropriados quando os alunos estão ouvindo informação altamente técnica pela primeira vez, mas não quando o objetivo é que partilhem ideias sobre soluções para um problema de matemática fora do comum.

Estes são os Quatro Cs dos espaços de aprendizagem:

FOGUEIRA DE ACAMPAMENTO
(Aprender dos peritos)

CAFÉ
(Aprender dos colegas)

CAVERNA
(Aprender por si mesmo)

COMUNIDADE
(Aprender do mundo que nos rodeia)

FOGUEIRA DE ACAMPAMENTO

Este é o espaço de aprendizagem clássico que encontramos nas aulas tradicionais, no qual os alunos aprendem com a informação que o professor lhes comunica. Quando um professor dá uma palestra, o espaço de aprendizagem é como uma **fogueira** de acampamento. Outro exemplo seria um *podcast* na internet, ou um TED Talk, no qual geralmente ouvimos um perito.

Instrução direta tem um valor claro e por isso não é algo que deva ser removido completamente da nossa prática. Há um tempo e um lugar para ela, e a palestra permanece o modo mais eficaz de abranger a matéria de estudo. Também é possível dar a palestra de forma interativa, encorajando os alunos a pensar sobre o conteúdo, tal como quando um professor divide uma aula longa em pequenos períodos e dá tempo aos alunos para pensar por si mesmos e discutir uns com os outros. Mas a instrução direta pode não ser sempre a melhor maneira – e certamente não é a *única* maneira – de ajudar os alunos a aprender.

Talvez você tenha conhecido um professor universitário muito admirado cujas aulas magistrais sempre inspiraram e causaram admiração a gerações de alunos. No entanto, parar com regularidade para deixar os alunos debaterem as questões antes de lhes dar a resposta vai necessariamente os empoderar e os levar a pensar e a aprender por si mesmos, além de aumentar seu envolvimento.

O desafio para a maioria dos professores é: "Como posso aumentar o meu repertório de práticas de ensino de modo a que ensinar dizendo não seja a única forma de aprendizagem que os alunos têm nas nossas aulas? Como podemos planejar as nossas aulas de forma a fazer com que os outros espaços de aprendizagem também estejam à disposição dos alunos quando isso for apropriado e desejável?".

CAFÉ

Se o professor universitário no nosso exemplo decidisse inserir ao longo da sua palestra oportunidades para discussão em pequenos grupos, ele estaria usando um espaço de aprendizagem chamado **café**. Trabalhar com os colegas é uma experiência de aprendizagem eficaz e potente para os jovens. Os alunos têm potencial para aprender mais quando colaboram com outros.

Planejar um café para a sala de aula não se trata apenas de dar trabalhos de grupo. Significa conceber tarefas nas quais os alunos podem contribuir com aquilo que sabem e partilhar as questões e *insights* que têm para alcançar um objetivo comum. A colaboração é um ato criativo. É proposto um desafio aos alunos, que podem resolver melhor juntos.

Os alunos aprendem no próprio processo de trabalhar juntos. Cada aspecto da experiência – incluindo a própria colaboração – deve ser concebido como um momento formativo e educativo.

Um exemplo de café seria o seminário socrático (ver a explicação no Capítulo 5). Os alunos ainda têm que ler um texto (fogueira de acampamento), suportados por apoios que os ajudam a ler um texto complexo antes de passarem ao espaço de aprendizagem do tipo café. Exemplos virtuais de café incluem debates *on-line*, ou colaboração num documento partilhado na internet (como Google Docs ou Storm).

CAVERNA

O terceiro espaço de aprendizagem refere-se a esse exercício cada vez mais raro chamado "tempo para pensar". A **caverna** refere-se a oportunidades para os alunos se envolverem individualmente em reflexão pessoal. Isto pode ser concebido como uma atividade na aula, ou fora dela. Esta é uma oportunidade para que os alunos lutem com as perguntas de reflexão cuidadosamente elaboradas que o professor preparou de antemão.

O espaço de aprendizagem da caverna pode ter diferentes formas: (a) alguns minutos de reflexão individual em silêncio, (b) manter um diário, (c) texto de reflexão, ou (d) um *blog*, *podcast* ou *vlog*.

COMUNIDADE

O último tipo de espaço de aprendizagem é a **comunidade**. Este é o espaço de aprendizagem mais desafiador de planejar porque envolve os alunos a aplicar na prática aquilo que aprenderam e, se possível, a terem algum impacto no mundo real.

Como vimos no capítulo anterior, a própria aplicação da aprendizagem aumenta a aprendizagem. Para além disso, usar de fato aquilo que aprenderam de forma a fazer alguma diferença para além da sala de aula faz maravilhas pelo envolvimento dos alunos.

O espaço de aprendizagem da comunidade envolve um esforço maior tanto em termos de planejamento como de implementação. Por esta razão, sugerimos reservá-lo para um ou dois dos temas mais centrais de cada ano acadêmico.

Possíveis ideias erradas sobre espaços de aprendizagem

Erro 1: **"O professor deve decidir qual *único* espaço de aprendizagem usar numa aula específica"**. De fato, é possível – e às vezes desejável – planejar o uso de uma combinação de espaços de aprendizagem para uma aula. Por exemplo: O professor começa com folhas de trabalho para reflexão individual (caverna), seguidas de debate em grupos de três com pontos de discussão específicos (café), terminando com uma sessão plenária dada pelo professor para resumir o que se aprendeu (fogueira de acampamento).

Erro 2: **"As aulas mais eficazes são aquelas nas quais usamos o máximo possível de espaços de aprendizagem diferentes"**. O que prescrevemos não é que se usem os quatro espaços de aprendizagem para cada tópico ou aula. O convite é que os professores expandam o seu repertório para que tenham liberdade para fazer escolhas sobre que espaços de aprendizagem oferecer aos seus alunos e para que não se limitem apenas ao tradicional espaço de aprendizagem da fogueira de acampamento.

A base que deve ser usada para determinar que espaço de aprendizagem planejar são os objetivos de aprendizagem. Por exemplo, os alunos não serão capazes de gerar *insights* sobre um período histórico se não tiverem conhecimentos suficientes sobre os eventos e condições dessa era. Uma fogueira de acampamento pode ser necessária no início de uma unidade temática (por exemplo, uma palestra do professor, ou um livro recomendado aos alunos). Neste caso, o objetivo do professor é que os alunos se familiarizem com os fatos essenciais desse período histórico. O professor pode decidir depois mudar para café como espaço de aprendizagem a usar dando aos alunos perguntas de reflexão para trabalharem em pequenos grupos.

ATIVIDADE CONECTE-SE ao CONTEXTO

Pense sobre os espaços físicos disponíveis na sua escola. Como você pode tornar esses espaços mais flexíveis para criar espaços de aprendizagem alternativos?

ATIVIDADE ASSUMA um PEQUENO DESAFIO

No seu livro de 2013, *From the Campfire to the Holodeck* [Da fogueira de acampamento ao Holodeck, em tradução livre], Thornburg combina os quatro espaços de aprendizagem num só: o Holodeck, que oferece aos alunos espaços de aprendizagem imersivos nos quais os alunos usam uma variedade de tecnologias enquanto completam projetos e desafios interdisciplinares.

ESPAÇOS DE APRENDIZAGEM	Escolha uma temática que você normalmente ensina em modelo de fogueira de acampamento: por exemplo, uma palestra. Como poderia reconfigurá-la de modo a que use tecnologia que a transforme num ou em vários dos espaços de aprendizagem alternativos (café, caverna e/ou comunidade)?
CAFÉ	
CAVERNA	
COMUNIDADE	

Empoderamento por meio dos cinco "-AR"

Pensar em espaços de aprendizagem para os nossos alunos é uma forma útil de "dar força" ao planejamento das experiências de aprendizagem para eles. Saber que existem três alternativas para além do tradicional espaço de aprendizagem de fogueira de acampamento torna claro que as experiências de aprendizagem não devem se limitar sempre à instrução direta. Há alternativas e formas de aprendizagem centradas no aluno.

Aprendemos fazendo. Quanto mais ativos e empoderados os alunos estão e quanto mais arduamente trabalharem, mais vão aprender. Se os professores fizerem a maior parte do falar e do trabalhar durante as aulas, então serão eles – e não os seus alunos – que terão a maioria da aprendizagem.

Esta é uma lista fácil de lembrar de ações dos estudantes a que chamamos os cinco "AR":

- ☐ INVESTIG**AR**
- ☐ CRI**AR**
- ☐ CONTEMPL**AR**
- ☐ COMUNIC**AR**
- ☐ COLABOR**AR**

Cada um deles é uma ação que o professor ou qualquer observador deve ser capaz de ver os alunos fazerem numa aula centrada nos alunos.

Os cinco "AR" foram formulados tendo em vista as funções que esperamos que nossos alunos assumam na sala de aula: serem INDAGADORES, CONSTRUTORES DE SENTIDO e CRIADORES.

Note que cada um dos cinco "AR" equivale a uma competência de sucesso no século XXI, algo que os alunos precisam adquirir para serem bem-sucedidos no mundo de hoje.

Investigar

Na sala de aula tradicional, os estudantes involuntariamente acabam por ficar simplesmente à espera que lhes sejam fornecidos conteúdos que têm esperança de poder assimilar. Quando o professor assume o papel de único perito e fonte de informação, os alunos acabam tornando-se meras esponjas das quais se espera que absorvam informação.

No entanto, dado o fácil acesso à informação que existe hoje em dia, é possível encorajar os alunos a agir como investigadores. Mais do que simplesmente dar uma palestra, um professor pode tentar desenhar a aula de tal forma que permita aos alunos **investigar** o conteúdo. Investigar requer a capacidade de localizar informação por eles mesmos, não apenas recebê-la do professor. Os alunos precisam ser treinados para se tornarem proficientes na leitura de textos complexos e na interpretação de materiais audiovisuais. Para além disso, investigar implica não só que os alunos localizem informação por si mesmos, mas também – e igualmente importante – que avaliem a informação que encontram.

Investigar refere-se à capacidade de localizar informação – não apenas na internet – e de a avaliar.

Para encorajar os alunos a investigar, o professor trabalha primeiramente como *designer* de experiências, oferecendo aos alunos muitas oportunidades de serem investigadores ativos do conteúdo.

Uma nova alfabetização

Para além dos três objetivos básicos de leitura, escrita e cálculo, Heidi Hayes Jacobs (2014) propõe que a capacidade de acessar informação da internet e avaliá-la (investigar) como uma alfabetização digital seja cada vez mais importante. Por exemplo:

- Os seus alunos sabem usar e modificar conteúdos usando Google Keep, Livebinders, Pinterest ou outros aplicativos que envolvem avaliar, interpretar e armazenar conteúdos com base na credibilidade das suas fontes e no quão apropriadas são para um determinado tópico?

- Os seus alunos sabem fazer pesquisar avançadas no Google, por exemplo, usando códigos do país quando procuram informação *on-line*? Seriam capazes de obter não apenas a perspectiva ocidental predominante sobre o bombardeio de Pearl Harbour, mas também a perspectiva japonesa.

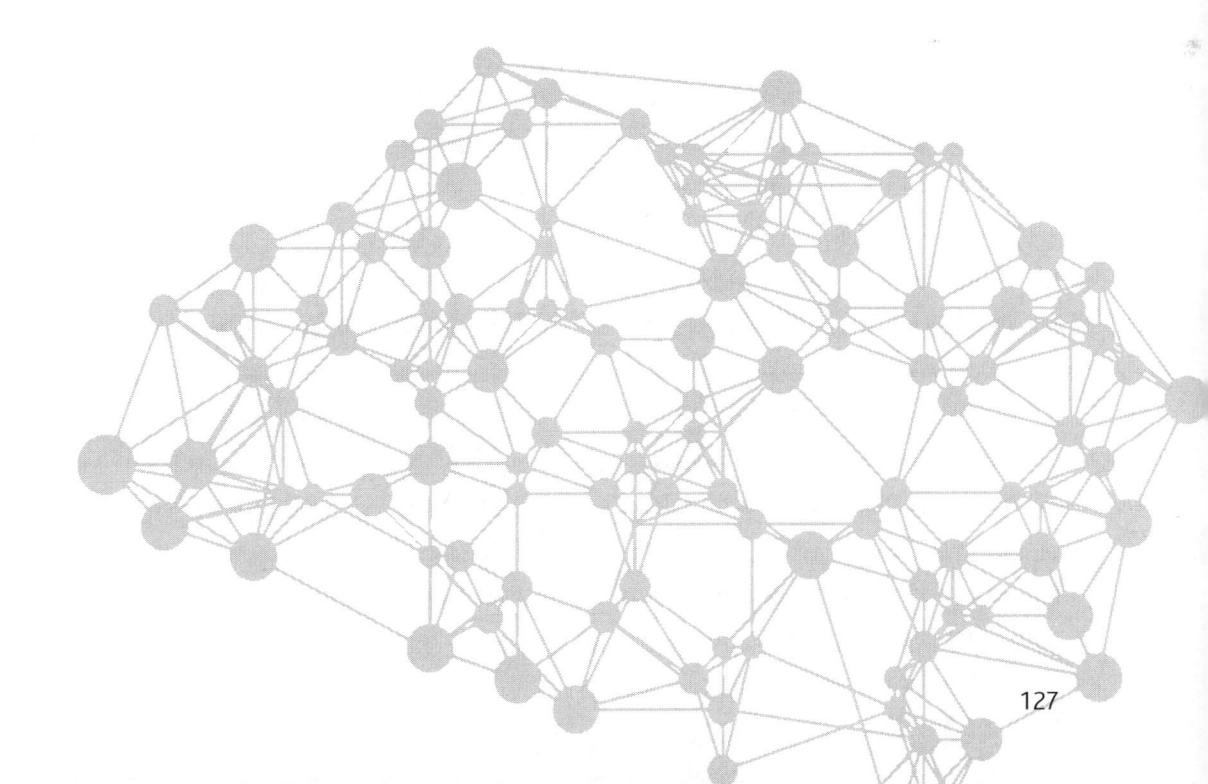

ATIVIDADE 💬
CONVERSE com COLEGAS

Converse com um colega sobre como você poderia transformar uma palestra numa atividade na qual os alunos investigam. Como levaria os seus alunos a:

(a) Analisar um determinado problema ou questão de modo a que não saberiam como começar a investigação?
(b) Procurar informação eficazmente?
(c) Avaliar a sua qualidade?

Contemplar

Aprender implica construir sentido. A menos que os alunos façam ligações – relacionando a nova matéria com o que aprenderam antes (na mesma disciplina ou em outras) às suas experiências e contexto –, a sua aprendizagem será limitada. Especialmente na era de informação e tecnologia e na cultura da "cópia e cola", em que os alunos devem ser capacitados para cultivarem o próprio conhecimento e aprofundarem a sua compreensão.

Mas para os alunos aprenderem a ser criadores de sentido, precisamos dar-lhes tempo e espaço para contemplar – para refletir sobre o "que", o "como" e o "por que" da sua aprendizagem.

Esse "tempo para pensar" é crucial porque é a oportunidade de os alunos se envolverem diretamente com o mundo. Conforme dito anteriormente, essa relação entre o aluno e o mundo é a mais essencial das três relações no processo de ensinar e aprender.

Para os alunos **contemplarem**, o professor assume o papel crucial de mediador de reflexão e de construção de sentido.

ATIVIDADE
CONECTE-SE ao CONTEXTO

> ▸ Quanto tempo das suas aulas você disponibiliza aos alunos para que pensem sobre a matéria ensinada? Isto deve incluir o tempo que eles têm para pensar depois de uma questão que os faça refletir durante uma discussão em aula. Estime o tempo em minutos e a sua percentagem em relação à hora/aula.

> ▸ Que tipo de espaço você cria em sala de aula para os seus alunos poderem contemplar? Em outras palavras, que tarefas você elabora para que reflitam sobre o que aprenderam?

Criar

Aprender hoje não se limita ao domínio de conteúdos, mas requer o uso ativo da aprendizagem. A terceira tarefa que queremos que os nossos alunos saibam realizar para uma aula centrada neles é **criar**. Como dissemos, é a aplicação que torna a aprendizagem mais envolvente para os alunos porque lhes dá a sensação de protagonismo e eficácia.

Para além disso, a aplicação *reforça* a aprendizagem: os estudantes aprendem mais no próprio processo de usarem aquilo que aprenderam.

Ação = Experiência?

A definição atual de aprendizagem inclui desempenho. Não se pode considerar que a matéria foi aprendida, a menos que seja capaz de usá-la e aplicá-la para além da sala de aula.

A aplicação que pedimos aos nossos alunos ajuda-nos não só a clarificar e operacionalizar os objetivos de aprendizagem desejados para uma unidade temática; também nos guia no planejamento de experiências de aprendizagem apropriadas que vão preparar os alunos para procederem à transferência de aprendizagem. Assim, no planejamento de uma unidade:

$$\text{AÇÃO} \longrightarrow \text{EXPERIÊNCIA}$$

Um desafio que os professores podem considerar aceitar hoje é o de conceberem a ação como sendo a *própria* experiência para promover aprendizagem dos alunos.

$$\text{AÇÃO} = \text{EXPERIÊNCIA}$$

Em unidades temáticas tradicionais, o professor apresenta o conteúdo primeiro e deixa a aplicação para o fim. Na aprendizagem baseada em projetos, ação = experiência, de modo que o projeto não é a sobremesa, por assim dizer, mas o prato principal. O professor usa o projeto, uma aplicação ao mundo real dos conteúdos da unidade, como uma unidade em si mesma. Os alunos envolvem-se com uma questão condutora à qual vão responder – normalmente, ao longo de um extenso período de tempo – através de um projeto no mundo real. Eles precisam aprender os conteúdos da unidade temática para poderem levar a cabo o projeto. Este é a motivação para aprender o conteúdo (Boss, Larmer; Mergendoller, 2015).

ATIVIDADE
CONECTE-SE ao CONTEXTO

> Pense em uma unidade temática a qual, em vez de antecipar o conteúdo (através de uma palestra, por exemplo), você prioriza a aplicação da aprendizagem como forma de dominar o conteúdo.
>
> Por exemplo, em vez de iniciar uma aula de Inglês explicando e fazendo exercícios sobre adjetivos e advérbios, comece por pedir aos alunos que leiam um exemplo de um parágrafo descritivo. Solicite que desenhem a cena que está descrita, e que depois sublinhem todas as palavras e frases que o autor usou para conseguir este propósito. Só então é que é dada instrução direta sobre adjetivos e advérbios. Os alunos podem rever as palavras e frases que sublinharam e identificar quais delas são adjetivos, advérbios etc.
>
> Que produto ou desempenho você quer que os seus alunos criem de modo a poderem
> - (a) demonstrar que dominam e compreendem a matéria, além de
> - (b) aumentar e aprofundar a sua aprendizagem?

Comunicar

O quarto AR – **Comunicar** pode ser considerado parte de criar: A maioria dos produtos e desempenhos permite aos alunos partilhar aquilo que aprenderam. Mas aprender a comunicar eficazmente é um valor em si mesmo, uma vez que conhecimento e compreensão têm de ser partilhados com o mundo. Infelizmente, muitos dos supostos peritos não foram treinados para comunicar eficazmente aquilo que sabem.

Para comunicar eficazmente, devemos ter em vista o nosso propósito e os nossos destinatários antes de tomar decisões sobre a forma de transmitir.

O propósito de uma pessoa pode ir desde a simples informação à persuasão, e até a um chamamento à ação. O modo como preparamos a mensagem depende muito do público-alvo: Que gênero seria mais acessível e apropriado tanto ao público como à mensagem? Que palavras ou imagens seriam não só significativas, mas também poderosas? Que tom deve ser usado? E finalmente, tendo em vista o seu público e o seu estilo, qual é o meio mais eficaz de chegar a eles?

Todas as aulas requerem que os alunos comuniquem aquilo que aprenderam. A única diferença aqui é que o público não tem que se limitar ao professor ou aos outros alunos da turma. Graças à tecnologia, os estudantes podem partilhar o que aprenderam com o público. Os benefícios de uma audiência do mundo real incluem envolvimento dos alunos, *feedback* adicional por parte de pessoas distintas ao professor e, por vezes, um impacto real no mundo.

ATIVIDADE
CONVERSE com COLEGAS

> Discuta com um colega: Como você tem qualificado as apresentações individuais e em grupo nas suas aulas? Como pode melhorar os parâmetros que utiliza para ajudar os estudantes a aprender a comunicarem-se mais eficazmente? Considere os seguintes critérios: propósito, público-alvo, gênero (literário), apresentação e impacto.

Colaborar

Colaborar é também um elemento do criar: colaborar é outra habilidade importante no século XXI, especialmente num mundo tão interconectado como o nosso. Hoje em dia, temos uma maior consciência da diversidade das pessoas e do respeito que merecem. Pessoas que podem ser consideradas diferentes, de fato, já não estão longe de nós; muitas vezes, encontram-se nas nossas salas de aula. Além disso, com a tecnologia é agora possível – e até desejável e necessário – trabalhar com e aprender de pessoas de diferentes culturas e crenças. Dada a tecnologia de comunicação disponível, os estudantes também podem colaborar com uma vasta gama de colegas e de pessoas mais velhas no seu trabalho usando contratos de equipe, registos de tarefas de equipe, parâmetros para trabalho em equipe, entre outros.

Numa sala de aula centrada no aluno, os estudantes colaboram de modo a aprender uns com os outros; para fazer isto, eles devem receber instruções explícitas sobre como colaborar eficazmente.

ATIVIDADE
CONECTE-SE ao CONTEXTO

> Quando planejamos aulas em que os estudantes colaboram, a sua colaboração não deve ser vista apenas como um modo alternativo de completar o trabalho, mas como um meio que é em si mesmo eficaz para a aprendizagem. Pense num trabalho em grupo que tenha dado aos alunos antes. Além de aprenderem a trabalhar uns com os outros, que mais os alunos aprendem como resultado da colaboração que não aprenderiam se a tarefa fosse feita individualmente?

Quando treinamos os nossos alunos para criar, comunicar e colaborar, os professores servem como treinadores, dando *feedback* para que melhorem o seu produto e o seu desempenho, e fornecendo-lhes oportunidade de rever o seu trabalho para que, se possível, possam ajustá-lo aos padrões de excelência do mundo real. Cada produto e desempenho dos alunos deve ser visto como um protótipo, um trabalho em progresso, um rascunho que requer *feedback* e revisão, e esse mesmo processo implica aprendizagem (Hasso Plattner, 2010).

Além disso, como treinador, o professor também assiste os alunos no melhoramento do modo como trabalham – o modo como se comunicam e colabora uns com os outros.

ATIVIDADE
VERIFIQUE a sua COMPREENSÃO

Pode ser útil relacionar os cinco AR com os quatro espaços de aprendizagem mesmo se, estritamente falando, não há necessidade de ter uma correspondência entre eles. A tabela abaixo ilustra como o planejamento de ambientes e as experiências de aprendizagem acontecem lada a lado. Você concorda com este resumo?

	Os quatro espaços de aprendizagem e os cinco AR				
	Investigar	Contemplar	Criar	Comunicar	Colaborar
Fogueira de **ACAMPAMENTO** (Aprender dos peritos)	▓				
CAFÉ (Aprender dos colegas)	▓	▓	▓	▓	▓
CAVERNA (Aprender sozinho)	▓				
COMUNIDADE (Aprender no mundo)	▓				

A interação entre experiência, reflexão e ação

A experiência é a melhor professora se, e apenas se, for seguida por reflexão e ação. A aprendizagem ocorre quando existe uma interação constante entre experiência, reflexão e ação. É importante que os professores tenham essa interação em mente quando planejam uma unidade temática.

A essa altura, esperamos ter deixado claro que experiência, reflexão e ação *não* são fases que os alunos devem percorrer uma de cada vez. Não são tanto etapas separadas, mas elementos distintos da aprendizagem refrativa. Dito de outro modo, experiência, reflexão e ação são *o que os estudantes fazem* no processo de aprendizagem, e é muito provável que estejam fazendo duas delas em qualquer momento. Por exemplo, alunos trabalhando num projeto podem estar aplicando o que aprenderam (ação), mesmo se a própria experiência de trabalho no projeto também aumente a sua aprendizagem.

Diagrama 7.2: Interação entre experiência, reflexão e ação (Hickey, 2018)

Como pode a interação contínua entre experiência, reflexão e ação – tão característica da Aprendizagem Refrativa – ser planejada eficazmente de forma a empoderar os alunos para trabalharem em vista a um objetivo último, a saber, atingir a excelência através da ação?

Adquirir uma compreensão mais profunda de um conceito ou praticar determinadas habilidade com crescente competência não se consegue apenas com um único ciclo de "experiência – reflexão – ação". O cozinheiro que dominou o que, o como e o porquê da liberação de sabores e aromas nas suas criações culinárias **experienciou**, **refletiu** e **agiu** repetidamente. É importante, portanto, para o professor enquanto *designer* planejar a interação constante entre experiência, reflexão e ação que levará o aluno a alcançar os resultados de aprendizagem desejados que se identificaram para essa unidade temática.

Por exemplo, como podemos promover essa interação quando falamos sobre cidadania responsável com alunos do 2ª ano do Ensino Fundamental? Note o uso dos quatro espaços de aprendizagem e dos cinco AR no planejamento.

EXPERIÊNCIA	Passeie por todos os espaços da escola e tome nota de sugestões para melhoramentos.	Investiga em comunidade
REFLEXÃO	Debata na aula, faça atividade em pequenos grupos e reflita individualmente usando o ponto de partida: "Se nós não o fizermos, quem o fará?" e "Por que haveríamos de nos importar com isso?".	Contempla + Comunica em café
AÇÃO	Entreviste outros para ideias e sugestões sobre como resolver o problema que você identificou. Há alguma ideia que possa de fato ser posta em prática?	Investiga em comunidade
REFLEXÃO	Depois da entrevista, reflita individualmente e em pequenos grupos: "Por que temos que trabalhar em conjunto para desenvolver a nossa comunidade?".	Contempla + Comunica em café
AÇÃO	Proponha uma solução enquanto grupo. Explique a sua proposta numa carta dirigida ao diretor da escola.	Cria + Colabora + Comunica em comunidade

Tabela 7.1: Um exemplo de interação entre experiência – reflexão – ação

ATIVIDADE
ASSUMA um PEQUENO DESAFIO

Experimente redesenhar uma unidade temática que tenha ensinado de forma a promover mais aprendizagem através de interação entre experiência – reflexão – ação. Use os quatro espaços de aprendizagem e os cinco AR, se isso ajudar.

EXPERIÊNCIA / REFLEXÃO / AÇÃO	Atividade e/ou tarefas	Espaços de aprendizagem + os cinco AR

PARTE 3 APERFEIÇOAR A APRENDIZAGEM

Ao prestar atenção a Contexto, Experiência, Reflexão e Ação, a Aprendizagem Refrativa pode ser concebida de forma a tornar-se *relevante*, *holística*, *significativa* e *aplicável*.

Em primeiro lugar, para se tornar relevante para os alunos, o planejamento da Aprendizagem Refrativa deve ser contextualizado de acordo com o conhecimento prévio do aluno, o seu estado de ânimo atual, interesses e estilo de aprendizagem. Em segundo lugar, a aprendizagem só se torna significativa e aplicável quando nos asseguramos de que são dadas oportunidades e orientação para que se envolvam na reflexão e usem o que aprenderam para além da sala de aula. Finalmente, a experiência que projetamos para eles deve ser a mais holística possível, de modo a encorajá-los a tornarem-se alunos ativos e empoderados.

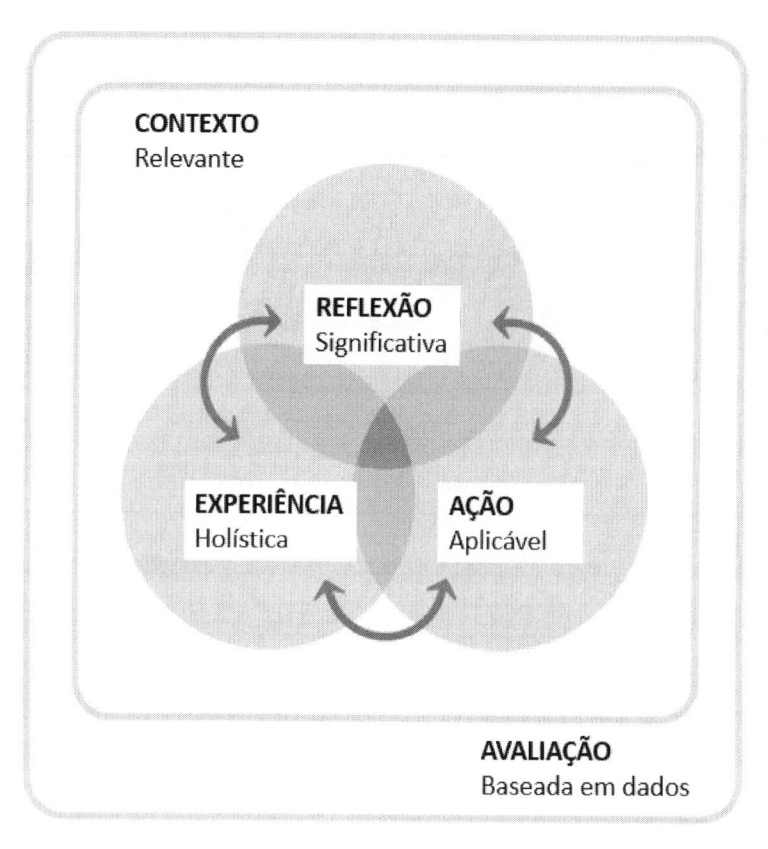

Diagrama 8.1: Elaboração e aperfeiçoamento da Aprendizagem Refrativa

No entanto, até as aulas mais inteligentemente desenhadas não podem garantir a aprendizagem. Isto se deve a que o planejamento que o professor faz de uma unidade temática ou lição é apenas um dos fatores que afetam a aprendizagem. Por esta razão, os professores devem não só ser o mais intencionais possível ao planejar a aprendizagem, mas também precisam estar constantemente à procura de oportunidades para melhorá-la.

O ingrediente final de Aprender por Refração é **avaliação**, quando o professor revê todo o ciclo de aprendizagem e decide se a aula atingiu os objetivos satisfatoriamente ou se o plano curricular ou a instrução precisa ser aperfeiçoado para melhorar a aprendizagem. A avaliação da aprendizagem é importante e deve ser baseada em dados. "Dados", aqui, refere-se a notas dos testes, mas igualmente importante: inclui outras formas de *feedback* que podem determinar se houve aprendizagem suficiente na aula.

Conexão Inaciana

"Todos os professores sabem que, com alguma regularidade, é importante avaliar o progresso do aluno em termos de sucessos acadêmicos... Testes regulares alertam tanto o professor como o aluno em relação ao crescimento intelectual e detectam as lacunas que necessitam ser cobertas. Este tipo de *feedback* pode alertar o professor para a possível necessidade de usar métodos de ensino alternativos; e também proporciona uma oportunidade de personalizar o encorajamento e acompanhamento em vista a melhorar o rendimento (por exemplo, rever os hábitos de estudo) acadêmico de cada aluno" (*Pedagogia Inaciana*, 1993, #63).

CAPÍTULO 8

AUMENTANDO A *EXPERTISE* E O ENTUSIAMO POR MEIO DA AVALIAÇÃO

> *"O ensino é a profissão da qual todas as outras profissões dependem."*
> - Darling-Hammond (2018)

A quem mais os pais confiam as suas crianças durante dez meses por ano por pelo menos seis horas por dia, cinco dias por semana, na esperança de que aprendam a pensar criticamente, a se comunicar eficazmente, e se tornem cidadãos produtivos e responsáveis? Com esta enorme e importante responsabilidade, as qualificações para nos tornarmos professores devem, de fato, ser muito elevadas.

O ensino é uma profissão, e para serem considerados profissionais, os professores têm que adquirir uma licença demonstrando competência em termos de conhecimento de conteúdos e pedagogia, e aderindo a um rigoroso código ético. Tal como no caso dos médicos, qualquer falha em respeitar os padrões profissionais prescritos pode ser considerada negligência.

Mas ensinar é também *mais* do que uma profissão porque os professores têm nas suas mãos o bem-estar e o futuro dos seus alunos. Os professores são responsáveis por manter um alto nível de **Expertise** em seu ofício, que inclui domínio não só das suas respetivas disciplinas, mas também da pedagogia, bem como de qualquer outro tema necessário para cuidar dos seus alunos.

Porque o ensino é uma vocação de tal forma pessoal, os professores também precisam ter **Entusiasmo** em relação ao seu trabalho, e um grande orgulho por praticarem a sua arte – verdadeiramente uma profissão "da qual todas as outras profissões dependem" (Darling-Hammond, 2018).

Refletir sobre a nossa prática é chave para aumentar a nossa competência e entusiasmo pelo ensino. Um professor que seja um praticante reflexivo avalia frequentemente o seu modo de ensinar e o seu impacto nos alunos. Daí a importância da **avaliação**.

Tornar-se um docente reflexivo

Avaliação é um importante, mas frequentemente negligenciado, componente da Aprendizagem Refrativa. É a etapa do ensino na qual os professores refletem eles mesmos sobre a sua prática, avaliando a aprendizagem e o ensino que se deu nas aulas e, sempre que possível, melhorando a aprendizagem dos alunos. Em suma, os professores precisam ser praticantes reflexivos que cultivam o hábito de avaliar habitualmente a sua prática de modo a melhorar o seu ofício.

A pergunta final ao desenhar a aprendizagem refrativa é a que os professores fazem depois de implementar o seu plano: "Como pode o plano desta unidade ser melhorado?". O principal critério para responder a esta questão é se o objetivo de aprendizagem foi alcançado ou não. O planejamento e implementação da unidade temática resultaram em aprendizagem para os alunos?

Avaliar a aprendizagem e o ensino

Avaliação refere-se à supervisão da aprendizagem dos alunos e, sempre que desejável ou necessário, a redesenhar essa aprendizagem. Idealmente, esta avaliação é levada a cabo não só pelo professor, mas também – quando apropriado – pelos próprios alunos.

Avaliação não se refere aos testes propriamente, mas antes aos dados recolhidos através de testes, bem como da observação geral de como um tópico foi ensinado e aprendido. A avaliação não se baseia apenas nas notas recebidas pelos alunos na aula, mas também nas outras observações feitas tanto pelo professor como pelos alunos sobre a sua aprendizagem e desempenho.

ATIVIDADE
VERIFIQUE a sua COMPREENSÃO

Avaliação significa...

A. Os alunos demonstram a sua aprendizagem aplicando-a a um problema do mundo real.
B. O professor planeja as oportunidades de aprendizagem que serão disponibilizadas aos alunos.
C. O professor considera o modo como se sente, assim como os alunos.
D. O professor e os alunos refletem sobre se os alunos aprenderam, o que, como e por quê.
E. O professor capacita os alunos a estabelecerem relações significativas entre as coisas que aprenderam.

Respostas: Resposta certa: (D). (A) é ação. (B) é experiência. (C) é contexto. (E) é reflexão.

ATIVIDADE
CONVERSE com COLEGAS

▶▶ Que mecanismos estão em vigor na sua escola que permitem ou encorajam os professores a rever o desenho de cada unidade temática que ensinam?

▶▶ Que fontes de dados podem lhe servir de informação sobre o impacto que uma unidade temática tem sobre os alunos? Dê oportunidade aos alunos para lhe darem *feedback* sobre que elementos ajudaram a aprendizagem nessa unidade e que elementos a dificultaram.

Lista de itens para avaliação

Com base na pesquisa em: *How People Learn: Brain, Mind, Experience, and School* (National Research Council, 2000) [Como Aprendemos: Cérebro, Mente, Experiência e Escola, em tradução livre], existem quatro princípios fundamentais que regem o modo como as pessoas aprendem:

- Contextualizado com conhecimentos prévios.
- Construído mais do que instruído.
- Conectado e organizado numa rede conceitual.
- Capaz de transferência.

Esses princípios correspondem aos quatro primeiros ingredientes de Aprender por Refração, nomeadamente: contexto, experiência, reflexão e ação. Questões formuladas com base nesses quatro princípios podem ser usadas como uma lista de verificação para avaliação do planejamento da unidade. Desta forma, a avaliação também se torna uma ocasião para rever os importantes elementos da aprendizagem refrativa.

CONTEXTO	EXPERIÊNCIA
Você planejou a unidade temática com base no contexto dos alunos (conhecimento prévio, estado de ânimo atual e interesses comuns)? Em outras palavras, a unidade temática é relevante para o contexto dos alunos?	As experiências de aprendizagem provocam os alunos, cognitiva e afetivamente, a relacionarem-se diretamente com o conteúdo? São empoderados a assumir um papel ativo na construção do seu conhecimento e compreensão, em vez de serem limitados a um papel passivo de destinatários da instrução direta do professor?
REFLEXÃO	**AÇÃO**
Os alunos foram encorajados a ligar e organizar aquilo que aprenderam num esquema conceitual coerente? Foram capazes de estabelecer relações significativas e construções baseadas na reflexão sobre o que aprenderam como aprenderam e por quê?	Os alunos foram conduzidos a transferir e aplicar o que aprenderam como resultado de – ou no processo da – aprendizagem da matéria de estudo? Os produtos e desempenhos dos alunos são respostas a contextos de mundo real?

ATIVIDADE
CONECTE-SE ao CONTEXTO

▶▶ Se avaliar a sua prática de ensino no geral, qual dos quatro elementos você considera uma área a melhorar e à qual deve dar prioridade?

Avaliação *para* a aprendizagem

Na investigação, faz-se uma distinção entre avaliação *da* aprendizagem (avaliação somativa) e avaliação *para* a aprendizagem (avaliação formativa).

Para ensinar para a reflexão e ação, temos que definir desde o princípio o modo como os alunos podem demonstrar o que aprenderam com a unidade temática e como lhes serão dadas notas. Quando fazemos isto estamos planejando a avaliação *da* aprendizagem. Mas pode-se argumentar que ainda mais importante para a aprendizagem dos alunos é a avaliação *para* a aprendizagem porque, como o seu nome sugere, o seu propósito é melhorar a aprendizagem dos alunos.

Uma metáfora culinária frequentemente usada quando falamos de avaliação para a aprendizagem pode ser útil aqui: quando um crítico de gastronomia prova um determinado prato num restaurante e faz um juízo desse prato, isso pode se comparar a uma **avaliação somativa**. A **avaliação formativa**, por sua vez, seria comparável a um cozinheiro provando um prato de um aprendiz e dando todo o *feedback* necessário para que aquele que está em treino possa fazer ajustes e melhorias. Da mesma forma que desfrutar do prato é mais importante do que ganhar uma estrela Michelin, as avaliações formativas devem ser mais valorizadas do que as avaliações somativas.

A aprendizagem dos alunos melhora quando os professores a acompanham regularmente e comentam com os alunos, dando-lhes também tempo e oportunidades para melhorar a sua aprendizagem antes de uma avaliação somativa.

Verificar frequentemente a compreensão também ajuda os professores a alterar e ajustar a instrução de modo a que responda melhor às necessidades dos alunos. Essa é a razão pela qual as avaliações formativas são chamadas avaliações *para* a aprendizagem. Se o objetivo é melhorar a compreensão e proficiência dos alunos mais do que simplesmente fazer um juízo sobre o que se aprendeu, então deve ser dada mais atenção à avaliação formativa.

Para além de avaliar a aprendizagem dos alunos, os professores também podem utilizar a informação obtida nas avaliações somativas para melhorar a aprendizagem. Quando os professores examinam o desempenho da sua turma num exame e dão *feedback* com base nos resultados, estão fazendo "um uso formativo da avaliação somativa" (Black et al., 2003). Os professores também fazem uma avaliação da aprendizagem graças às oportunidades que dão aos seus alunos de aperfeiçoar a sua aprendizagem.

ATIVIDADE
CONECTE-SE ao CONTEXTO

Uma maneira simples e eficaz de avaliar para aprendizagem chama-se Bilhete de Saída. No final da aula, faça uma pergunta aos seus alunos para verificar a compreensão; a resposta deles é o seu Bilhete de Saída. Não podem ir embora sem responder.

Por exemplo: após uma lição de Matemática sobre divisão, uma pergunta para Bilhete de Saída podia ser: "Qual é um problema de divisão que tem como resultado um resto de 18?".

Pense num Bilhete de Saída para uma unidade temática que ensina. Como você pode usar os dados recolhidos das respostas ao Bilhete de Saída para se ajustar às necessidades dos alunos?

Autoavaliação do aluno e avaliações entre alunos

Os professores também podem avaliar uma turma com base em como os alunos se avaliam a si próprios e a seus colegas.

Dar essas oportunidades de autoavaliação e de avaliação entre colegas é vital se queremos que se tornem pessoas capazes de aprender de forma autodirigida e independente. No entanto, os alunos precisam ser ensinados sobre como fazer autoavaliação e a seus colegas. Os professores podem fazer isto ajudando-os a compreender aquilo que devem procurar num produto ou desempenho. É útil apresentar modelos de trabalho bem-feito.

Por exemplo: os estudantes podem avaliar os próprios textos ou os dos colegas usando estes dois critérios:
    (a) Clareza da ideia principal em cada parágrafo.
    (b) Desenvolvimento de cada ideia através de elementos de apoio adequados.

A melhor maneira de ensinar alunos a avaliar é mostrar-lhes como se faz. O professor pode conduzir a turma avaliando um texto como exemplo. Pode pedir aos alunos que façam um círculo à volta da ideia principal de cada parágrafo e que sublinhem os elementos de apoio. Depois, podem avaliar a clareza da ideia principal e a utilidade dos elementos de apoio oferecidos.

É melhor ser seletivo em relação ao que se pede aos alunos para avaliarem, embora seja apropriado deixar os alunos avaliarem a qualidade dos produtos ou desempenhos dos seus colegas. Normalmente, as avaliações entre colegas são melhores quando se centram no processo, porque os colegas têm experiência pessoal de trabalho entre si e podem dar melhor *feedback* que o professor.

Avaliar para além do acadêmico

A avaliação de *como* os alunos trabalham não deve ser subestimada. No século XXI, os processos que os alunos vivem durante a aprendizagem são tão importantes como o conteúdo que aprendem[1]. Os objetivos da educação vão para além do acadêmico, por isso a avaliação da aprendizagem que acontece na sala de aula também deve centrar-se no crescimento dos alunos enquanto pessoas. Essa avaliação mais completa da pessoa dos alunos precisa ser planejada pelo menos uma vez por semestre; caso contrário, não acontecerá.

---

[1] Estes também são conhecidos hoje como competências de sucesso do século XXI, competências de vida, ou "competências transdisciplinares" porque lidam com conteúdo e capacidades mais do que uma disciplina.

O valor das rubricas

Para autoavaliações e avaliações entre colegas é importante sugerir rubricas a serem usadas, isto é, clarificar os critérios de modo a que todos tenham um entendimento daquilo que constitui um produto ou desempenho exemplar.

As rubricas podem tornar-se demasiado complicadas ou confusas, por isso sugerimos usar aquilo que se denomina "rubricas de um só ponto" (Gonzalez, J., 2015). Em vez de descrições de vários pontos numa escala, apenas é especificado um nível padrão de desempenho, deixando espaço para "preocupações" (áreas que precisam de melhoramento) e "avançadas" (evidências de superação dos níveis padrão). Desnecessário dizer que essas rubricas de um só ponto são fáceis de criar e ainda mais fáceis de usar. Além disso, elas encorajam *feedback* de alta qualidade, uma vez que professores e alunos precisam especificar tanto os aspectos a melhorar como aqueles exemplares do trabalho.

Fazer avaliações entre colegas que sejam úteis e significativas implica um processo de aprendizagem que requer um suporte adequado. Quando se introduz uma rubrica, é melhor escolher apenas um único critério de avaliação de cada vez e encorajar os alunos a usá-lo na sua autoavaliação e na dos colegas.

A Tabela 8.1 é um exemplo de rubricas de um só ponto com quatro indicadores possíveis para avaliar a colaboração dos alunos no trabalho em grupo.

	PREOCUPAÇÕES (Áreas que precisam de melhoria)	CRITÉRIOS (Padrões de desempenho)	AVANÇADOS (Evidências de que os padrões foram ultrapassados)
Participação em equipe		Os membros do grupo mostram envolvimento e participam ativamente, assumindo as funções e responsabilidades designadas a cada um.	
Objetivos partilhados		Cada membro mostra compromisso com o esforço de terminar a tarefa e com os objetivos do grupo. Os membros mostram disponibilidade para colaborar e ajudar-se mutuamente para atingirem o seu objetivo.	
Ética de trabalho e regras de equipe		A equipe chegou a um acordo em relação a um prazo de entrega do trabalho e a regras para o processo de trabalharem em conjunto, e de forma geral obedece às regras.	
Apoio e respeito mútuo		Os membros da equipe ouvem ativamente e mostram uma abertura geral de respeito por diversas ideias e perspectivas. Eles envolvem-se em conversas construtivas, desenvolvendo as ideias uns dos outros e dando crédito a quem é devido.	

Tabela 8.1: Exemplo de rubricas de um só ponto para colaboração em grupo

ATIVIDADE
ASSUMA um PEQUENO DESAFIO

A rubrica de exemplo (Tabela 8.1) aplica-se à **Colaboração**. Que tal desenvolver uma rubrica de um só ponto com a sua turma para os ajudar a avaliarem-se a si mesmos ou aos colegas em relação a um dos outros AR?

(a) Investigar, (b) Contemplar, (c) Criar e (d) Comunicar

	PREOCUPAÇÕES (Áreas que precisam de melhoria)	CRITÉRIOS (Padrões de desempenho)	AVANÇADOS (Evidências de que os padrões foram ultrapassados)

Outras formas de aperfeiçoar a aprendizagem

Já falamos de três maneiras de avaliar e aperfeiçoar a aprendizagem:

(a) Através da avaliação que o professor faz do desenho da sua unidade temática depois – ou até antes – da sua implementação;
(b) Através de avaliações somativas e formativas; e, finalmente,
(c) Através da autoavaliação e avaliação entre colegas com base num conjunto de rubricas.

Estes são outros modos de avaliação:

▸ **Observações na sala de aula.** O que os alunos estão realmente fazendo durante as aulas? Observações feitas durante as aulas podem obter dados significativos se focarem no modo como os alunos se comportam e no que fazem, em vez de no que o professor está fazendo. Um estudo das conversas e comportamentos dos alunos na sala de aula pode dar muitas informações para avaliação. Por exemplo: os alunos podem estar trabalhando em grupo para comparar e contrastar duas formas de governo, ou formando e testando uma hipótese. Esses comportamentos podem revelar ao professor que os alunos estão se envolvendo ativamente com o conteúdo.

▸ **Análise do trabalho dos alunos.** Analisar os trabalhos dos alunos – para além de lhes dar nota – é uma importante fonte de informação para avaliação. Os professores podem focar num determinado critério ou aspecto do trabalho dos alunos – por exemplo, o uso de pensamento de nível superior num texto – e, com base nos dados recolhidos, pode dar *feedback* mais específico e mais valioso, bem como fazer os ajustes necessários na instrução ou reinstrução. Um grupo de professores que estudou este aspecto do trabalho dos seus alunos descobriu que a maioria estava simplesmente vomitando ideias faladas nas aulas. Também perceberam que a formulação das perguntas nos seus exames não encorajava os alunos a pensar de forma crítica. Como resultado desta avaliação, os professores colaboraram para melhorar tanto a instrução como a avaliação.

▸ ***Feedback* dos alunos.** Solicitar *feedback* diretamente aos alunos sobre "o que funcionou" numa unidade temática e o que "não funcionou" também pode ser uma importante fonte de informação para avaliação. Afinal de contas, os alunos são a melhor fonte para obter *feedback* sobre o modo como a unidade foi desenhada e implementada. Isto pode ser feito focando intencionalmente numa pergunta de reflexão metacognitiva para encorajar os alunos a refletir sobre a sua experiência de aprendizagem: "Como foi a experiência? Fácil/Difícil? Envolvente/Tediosa? O que ajudou – ou dificultou o processo?". Os alunos podem dar dicas surpreendentemente úteis sobre como melhorar o modo como uma unidade é desenhada e conduzida.

A avaliação é uma etapa crucial no ciclo de ensino e aprendizagem na qual os próprios professores se envolvem em reflexão. Para serem eficazes nas suas funções de desenhadores, facilitadores e treinadores, os professores precisam refletir sobre a sua prática de ensino, avaliando o ensino e a aprendizagem que se deu nas aulas, sempre em vista a melhorar a aprendizagem dos alunos. Em suma, os professores precisam ser profissionais reflexivos que praticam regularmente o hábito de avaliar a sua prática para melhorar tanto a sua competência como o seu entusiasmo.

EPÍLOGO

Este livro é sobre **planejar**, **definir** e **aperfeiçoar aprendizagem**. Juntamos ideias encontradas na investigação de especialistas e em conversas com profissionais da educação com os quais tivemos a sorte de conduzir *workshops* e dos quais aprendemos muito. Os *insights* e sugestões neste manual foram refratados de numerosas e diversas experiências de implementação da pedagogia introduzida há mais de 25 anos e enriquecidos desde então pela "sabedoria coletiva da prática" dos educadores inacianos de toda a parte.

Propomos *Aprender por Refração* como uma abordagem do século XXI à pedagogia inaciana – um reinício, se assim o quiser ver. É oferecido no espírito inaciano do *tantum quantum*, que em latim significa literalmente "na medida em que" ou "tanto quanto". Para Santo Inácio de Loyola, *tantum quantum* é um convite a discernir o que é útil e que tira o maior proveito, permanecendo inteiramente livre para descartar o resto.

Esperamos que você tenha se sentido livre para vasculhar este guia prático no espírito do *tantum quantum* e que algumas das ideias aqui apresentadas tenham lhe causado alguma provocação, alargado a sua imaginação, desafiando-o a explorar como melhorar ainda mais o seu ofício. O nosso desejo é de que você também possa refratar aquilo que aprendeu, provar em suas aulas e partilhar os seus *insights* com seus colegas.

Finalmente, esperamos que você nunca se esqueça de quem deve ser posto à frente e no centro das nossas aulas. Para um tipo de aprendizagem que é inequivocamente centrada no aluno, são aqueles que estão aprendendo, os alunos e as suas necessidades, que devem ser a base de tudo o que fazemos na sala de aula. É com eles que somos convidados a relacionar-nos não apenas como alunos, mas também – e especialmente – como pessoas. Afinal de contas, aprender é – tal como ensinar – uma tarefa fundamentalmente pessoal. Isto é igualmente verdade sobre o ensinar, e é isso que torna a nossa profissão tão especialmente gratificante.

+AMDG
Johnny C. Go, SJ, Rita J. Atienza
Festa de São Francisco Xavier 2018
Ateneo SALT Institute
(Instituto Ateneo de Manila para a Ciência e
Arte de Aprender e Ensinar)

Se desejar, entre em contato conosco através da nossa comunidade *on-line*,
seguindo-nos no Facebook:

www.facebook.com/ipp25

REFERÊNCIAS

Abingdon, A., *Boners: Seriously misguided facts-according to school kids*. NY, The Viking Press, 1931.

Black, P.; Harrison, C.; Lee, C.; Marshall, B.; Wiliam, D. (2003), *Assessment for learning: Putting It into practice*. UK, Open University Press, 2003.

Boss, S.; Larmer, J.; Mergendoller, J. R. (2015), *PBL for 21st century success: Teaching critical thinking, collaboration, communication, and creativity*. Novato, CA, Buck Institute of Education, 2015².

Briggs, S., *How empathy affects learning, and how to cultivate it in your students*. Disponível em: http://www.opencolleges.edu.au/informed/features/empathy-and-learning/. Acesso em: 1 de nov. de 2014.

Campbell, L., Cambell, B., *Mindful learning: 101 proven strategies for student and teacher success*, CA, Corwin Press Thousand Oaks, 2009².

Carr, N., *The shallows: What the Internet is doing to our brains*. NY, W.W. Norton, 2010.

Center for Media Literacy, *Five key questions form foundation for media inquiry*, Disponível em: https://www.medialit.org/reading-room/five-key-questions-form-foundation-media-inquiry, [s.d.].

Claxton, G. (2009), *What's the point of school?: Rediscovering the heart of education*. Oxford, UK, Oneworld Publishing, 2009.

Collins, A.; Halverson, R., *Rethinking education in the age of technology: The digital revolution and schooling in America*. NY, Teachers College Press, 2009.

Csikszentmihalyi, M., *Flow: The psychology of optimal experience*. NY, Harper and Row, 1990.

Darling-Hammond, L., "Improving education across America" [episódio de uma série de rádio]. In *School's In.*, Stanford Radio, CA, Stanford. Disponível em: https://ed.stanford.edu/news/teaching-profession-which-all-other-professions depend-linda-dariing-hammond-transforming, 2018.

Dewey, J., *How we think*, nova edição integral da obra originalmente publicada em 1910 por D.C. Heath & Co., Publishers, Boston, NY, Dover Publications, Inc., 1997.

Fleming, D. L., SJ, *The spiritual exercises of St. Ignatius: A literal translation and a contemporary reading*. Missouri, The Institute of Jesuit Sources, 1978.

Franco, E. P., "Framing the meanings of work for Filipinos". In: R. Hechanova e E. Franco (Eds.), *Leading Philippine organizations in a changing world*, Philippines, Ateneo de Manila University Press, 2008.

Fuerst, C. J., "A few principies and characteristics of the Ratio Studiorum". *The Classical Journal 21*, 1925, 204-210.

Ginsberg, M., "Stepping into a student's shoes". *Educational Leadership*, 69/5, 2012. Disponível em: https://www.ascd.org/el/articles/stepping-into-a-students-shoes, 2012.

Gonzalez, J., Meet the #SinglePointRubric [Blog]. Disponível em: https://www.cultofpedagogy.com/single-point-rubric/, 2015.

Groff, J., "Practitioner guide to the nature of learning: Using research to inspire practice" [Panfleto]. OECD Publications, 2012. Baseado nos conteúdos de Hanna, D., Istance, D. e Benavides, F. (Eds.), *The nature of learning: Using research to improve practice*, OECD Publications.

Hasso Plattner Institute of Design at Stanford, *An introduction to design thinking process guide*, CA, Stanford University. Disponível em: https:// https://web.stanford.edu/~mshanks/MichaelShanks/files/509554.pdf, 2010.

Hawkins, D., *The informed vision: Essays on learning and human nature,* NY, Algora Publishing, 2002.

Hickey, J., "Presentation. Ignatian Pedagogical Paradigm". Annual Meeting of Directors of Learning and Teaching. Loyola Senior High School, Sydney, Australia, Mount Druitt, maio de 2018.

Hinton, C., Fischer, K. W. e Glennon, C., *Mind, brain, and education. Students at the center series: A jobs for the future project*. Disponível em: https://uocsweb03.uocslive.com/CCSA/CACHARTER2021/PROGRAM_SESSION_MODEL/HANDOUTS/68800262/MindBrainEducation.pdf, março de 2012.

International Commission on the Apostolate of Jesuit Education, The characteristics of Jesuit education. In: José Mesa, SJ (Ed.), *Ignatian pedagogy: Classic and contemporary texts on Jesuit education from St. Ignatius to today,* Chicago, Loyola Press, 1986, 287-366.

_____. Ignatian pedagogy: A practical approach. In: José Mesa, SJ (Ed.), *Ignatian pedagogy: Classic and contemporary texts on Jesuit education from St. Ignatius to today*, Chicago, Loyola Press, 1993, 367-423.

Jacobs, H. H. (Ed.), *Leading the new literacies*, Bloomington, IN, Solution Tree Press, 2014.

Kolvenbach, Peter-Hans, SJ, "Themes of Jesuit higher education", discurso na Universidade de Georgetown, Georgetown University, 1989.

Lee, C. D., "Integrating research on how people learn and learning across settings as a window of opportunity to address inequality in educational processes and outcomes", *Review of Research in Education,* 41(1), 2017, 88-111.

Marzano, R., *Building background knowledge for academic achievement.* Alexandria, VA, ASCD, 2014.

McCrindle, M., *What comes after Generation Z? Introducing Generation Alpha*. Disponível em: https://mccrindle.com.au/article/what-comes-after-generation-z-introducing-generation-alpha/, 2015.

McGonigal, J., *Gaming can make a better world* [Arquivo de vídeo]. Disponível em: https://www.ted.com/talks/jane_mcgonigal_gaming_can_make_a_better_world. Acesso em: 12 de março de 2014.

National Research Council, *How people learn: Brain, mind, experience, and school,* (edição ampliada). Washington, D.C., National Academy Press, 2000.

O'Connor, S. P., "Geography of a pencil". *National Geographic*. Disponível em: https://www.nationalgeographic.org/activity/geography-of-a-pencil/, [s.d.].

Ozar, L., *Creating a curriculum that works: A guide to outcomes-centered curriculum decision-making*, Arlington, VA, National Catholic Educational Association (NCEA), 1995.

Palmer, P., *The courage to teach.* San Francisco, CA, Jossey-Bass, Inc., 1998.

Perkins, D., *Future wise: Educating our children for a changing world.* San Francisco, CA, Jossey-Bass, Inc., 2014.

Ritchhart, R.; Church, M.; Morrison, K., *Making thinking visible: How to promote engagement, understanding, and independence for ali learners.* San Francisco, CA, Jossey-Bass, 2011.

Schön, D. A., *The reflective practitioner: How professionals think in action.* EUA, Basic Books, 1983.

Schwab, K., *Klaus Schwab: Navigating the fourth industrial revolution.* Disponível em: https://www.biznews.com/wef/2016/01/20/klaus-schwab-navigating-the-fourth-industrial-revolution, 20 de janeiro de 2016.

Simon, H. A., *The sciences of the artificial*. London, The MIT Press, 1996³.

Sousa, D.; Tomlinson, C.A., *Differentiation and the brain: How neuroscience supports the learner-friendly classroom*. IN, Solution Tree Press, 2011.

Spencer, J., *What can video games teach us about instructional design?* Disponível em: www.spencerauthor.com/video-games/, 2018.

Swallow, E., "Creating innovators: Why America's education is obsolete". *Forbes* [Revista digital]. Disponível em: https://www.forbes.com/sites/ericaswallow/2012/04/25/creating-innovators/?sh=39c4e6f37202, 25 de abril de 2012.

Tapscott, D., *Grown up digital: How the net generation is changing your world.* New York, McGraw Hill, 2009.

Thornburg, D., *Campfires in cyberspace*. EUA, Starsong Publications, 1999.

_____. *From the campfire to the holodeck: Creating engaging and powerful 21st century learning environments*. San Francisco, Jossey-Bass, 2013.

Townsend, J. C., *Why we should teach empathy to improve education (and test scores)*. Disponível em: https://www.forbes.com/sites/ashoka/2012/09/26/why-we-should-teach-empathy-to-improve-education-and-test-scores/?sh=4f3af6c127c4, 06 de junho de 2013.

Vickers, V. (Ed.), *Francis Bacon: The major works (Oxford World's Classics)*. Oxford, UK, Oxford University Press, 2008.

Vygotsky, L. S. (1978). *Mind in society: The development of higher psychological processes*, M. Cole; V. John-Steiner, S; Scribner, E. Souberman (Eds.), Oxford, England: Harvard University Press, 1978.

Wharton, University of Pennsylvania. (2000). "Just-in-time education: Education in the global age". In: *Knowledge@Wharton* [Blog]. Disponível em: https://knowledge.wharton.upenn.edu/podcast/knowledge-at-wharton-podcast/just-in-time-education-learning-in-the-global-information-age/

Wiggins, G., *Educative assessment: Designing assessments to inform and improve student performance*. San Francisco, Jossey-Bass, 1998.

Wiggins, G.; MeTighe, J., *Understanding by design professional development workbook*. Alexandria, VA, Association for Supervision and Curriculum Development, 2004.

_____. *Understanding by design*, Alexandria, VA, Association for Supervision and Curriculum Development, 2005².

Wiggins, G., *Understanding by design.* Presentation at the UbD Advanced Institute, Summer 2006, Lawrenceville College, New Jersey, 2006.

Zmuda, A.; Curtis, G.; Ullman, D., *Learning personalized: The evolution of the contemporary classroom*. San Francisco, Jossey-Bass, 2015.

MATERIAIS ADICIONAIS

Os seis elementos do Aprendizado Refrativo

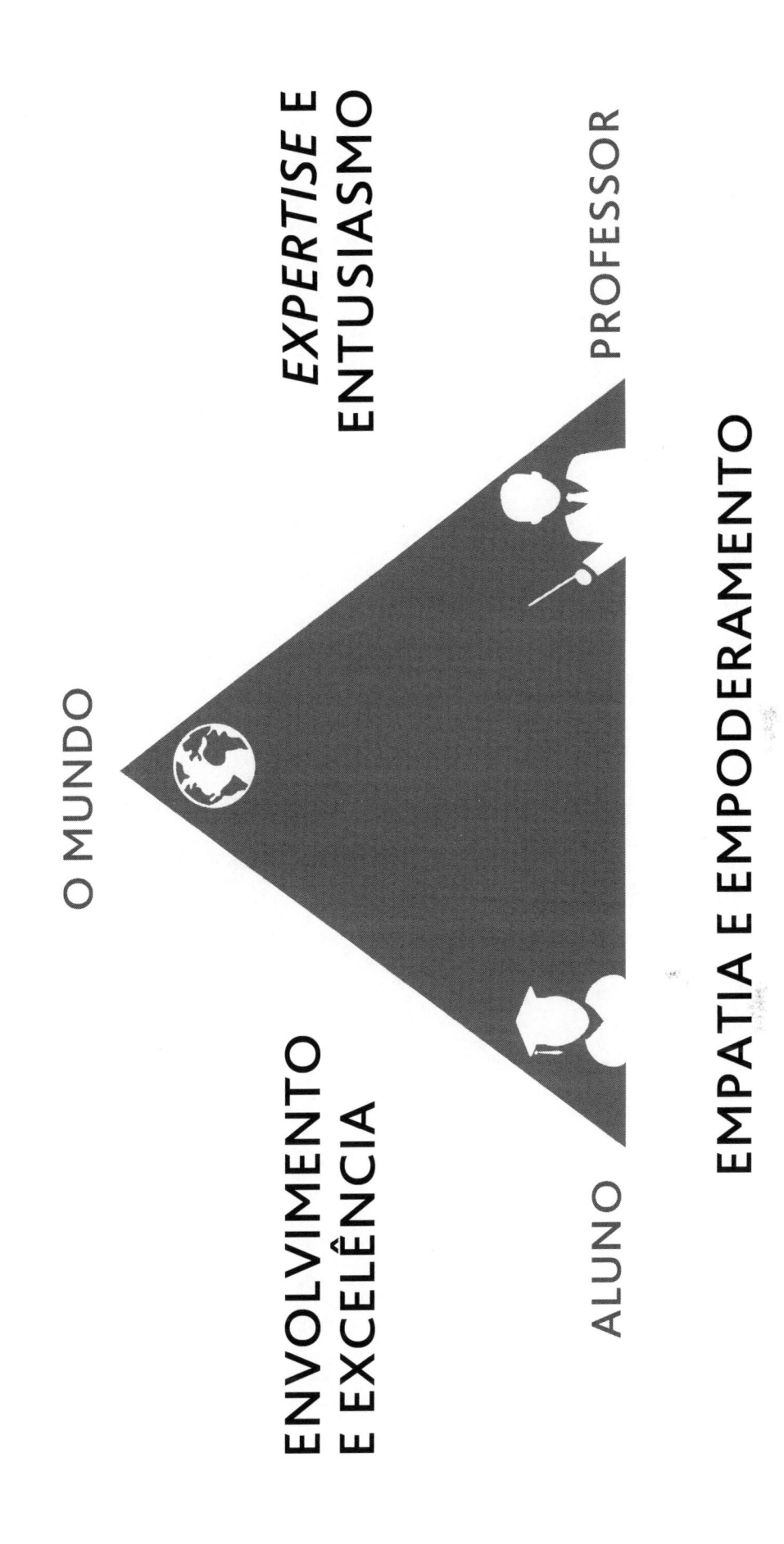

EXPERTISE E
ENTUSIASMO

PROFESSOR

O MUNDO

EMPATIA E EMPODERAMENTO

ENVOLVIMENTO
E EXCELÊNCIA

ALUNO

J. Go e R. Atienza, *Learning by Refration* (2018)

Projetando e aperfeiçoando a Aprendizagem Refrativa

CONTEXTO
Relevante

REFLEXÃO
Significativa

AÇÃO
Aplicável

EXPERIÊNCIA
Holística

AVALIAÇÃO baseada em dados

J. Go e R. Atienza, *Learning by Refration* (2018)

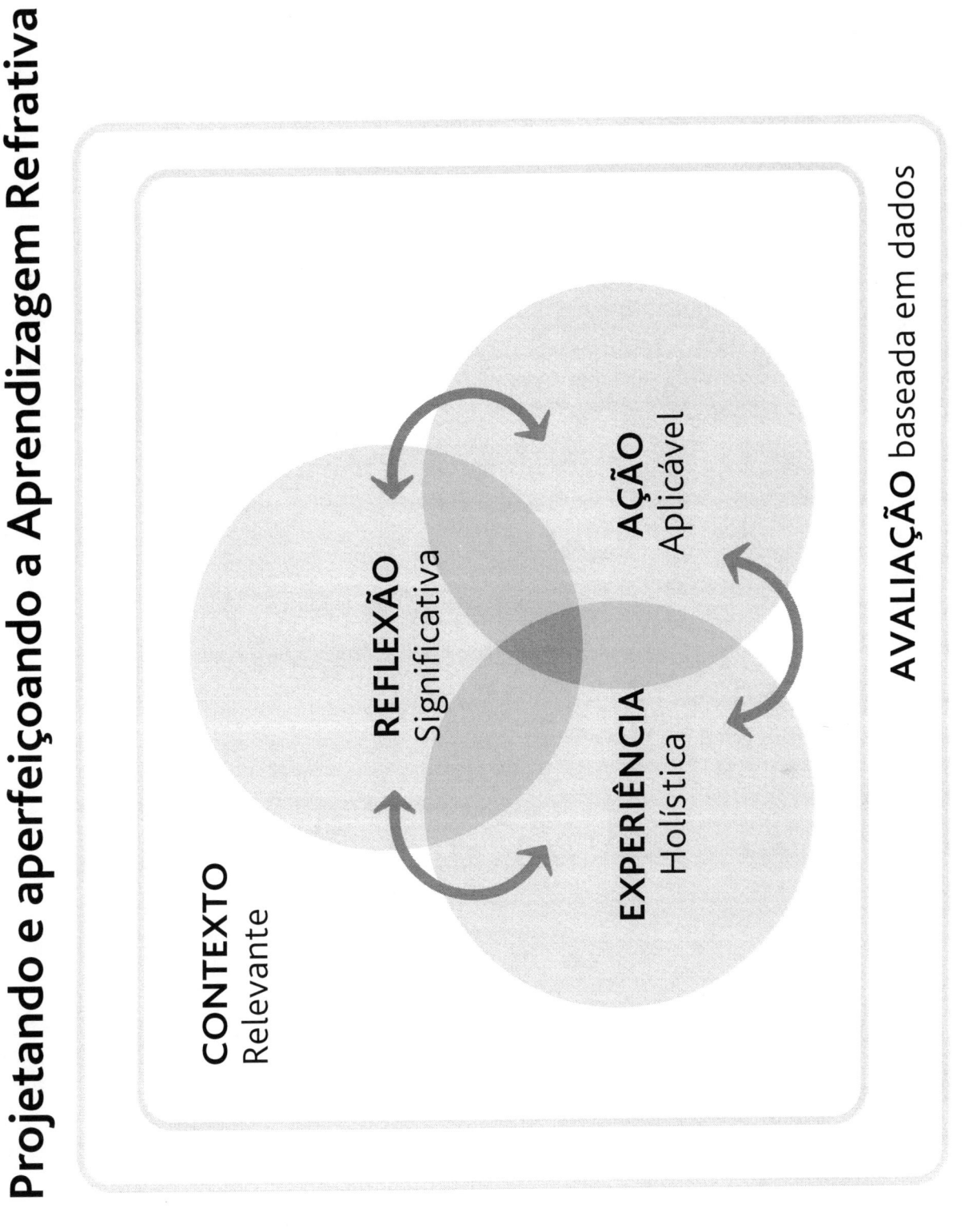

Dos papéis tradicionais de professores e alunos aos papéis desejados

DOS PAPÉIS TRADICIONAIS		AOS PAPÉIS DESEJADOS	
PROFESSOR	ALUNO	PROFESSOR	ALUNO
Professor como **PERITO**	ESPONJA	**DESIGNER** de ambientes e experiências de aprendizagem	INDAGADOR
Professor como **ARTISTA**	ESPECTADOR	**FACILITADOR** de reflexão	CONSTRUTOR DE SENTIDO
Professor como **INSPETOR**	PRODUTO	**TREINADOR** da transmissão de aprendizagem	CRIADOR

J. Go e R. Atienza, *Learning by Refration* (2018)

Edições Loyola

editoração impressão acabamento
Rua 1822 nº 341 – Ipiranga
04216-000 São Paulo, SP
T 55 11 3385 8500/8501, 2063 4275
www.loyola.com.br